海绵城市

典型设施及应用案例

佟庆远　王哲晓　温禾　主编

中国建筑工业出版社

图书在版编目（CIP）数据

海绵城市典型设施及应用案例 / 佟庆远，王哲晓，温禾主编．—北京：中国建筑工业出版社，2023.10
ISBN 978-7-112-29113-7

Ⅰ．①海…　Ⅱ．①佟…　②王…　③温…　Ⅲ．①城市建设—研究—中国　Ⅳ．①F299.21

中国国家版本馆 CIP 数据核字（2023）第 170526 号

责任编辑：毕凤鸣
文字编辑：王艺彬
责任校对：芦欣甜
校对整理：李辰馨

海绵城市典型设施及应用案例
佟庆远　王哲晓　温禾　主编
*
中国建筑工业出版社出版、发行（北京海淀三里河路 9 号）
各地新华书店、建筑书店经销
华之逸品书装设计制版
临西县阅读时光印刷有限公司印刷
*
开本：787 毫米 ×1092 毫米　1/16　印张：14½　字数：251 千字
2024 年 4 月第一版　2024 年 4 月第一次印刷
定价：**136.00** 元
ISBN 978-7-112-29113-7
（41133）

本书编委会

主　编

佟庆远　王哲晓　温　禾

副主编

徐　源　肖　波　张一航　张鹤清

指导委员会

谢映霞　陈　永　张秀华　赵乐军　王浩正　王建龙

编写委员会

易　洋　秦帅阳　傅　源　刘绪为　敖良根　詹　彪　汤　杰
佟斯翰　许元敏　朱　成　王　燕　汤　燕　王　强　蔡晙雯
任钦毅　党博航　王雪莉　朱玉玺　宋现才　王万琼　王国田
易科浪　黄　鑫　胡建龙　丁伦涛　黄　菊　衣　俊　徐斌熙
高　展　田海鹏　于金旗　孙　磊　梁俊琪　张　彬　郑　丹
郭　芳　崔鹏飞　李　埜　江　旺

编制单位

中建环能科技股份有限公司
亚太建设科技信息研究院有限公司
中国市政工程华北设计研究总院有限公司

天津市政工程设计研究总院有限公司
镇江市给排水管理处
珠海市规划设计研究院
重庆市市政设计研究院有限公司
江苏满江春城市规划设计研究有限责任公司
南京天河水环境科技有限公司
维态思（上海）环保科技有限公司
上海铂尔怡环境技术股份有限公司
汩鸿（上海）环保工程设备有限公司
嘉兴市观涛环保科技有限公司
《给水排水》杂志社

序

海绵城市建设是我国城市化进程中的重要战略之一，是一种全新的城市发展方式，自2013年12月习近平总书记部署建设“自然积存、自然渗透、自然净化”的海绵城市以来，海绵城市建设就在全国如火如荼地开展起来，在中央财政的大力支持下，全国30个城市入选国家海绵试点城市，60个城市入选国家海绵示范城市。“建设海绵城市、韧性城市”已成为全社会共同的目标和愿望。

随着海绵城市建设的不断推进，海绵城市建设已成为全社会的共识。为深入、持续地推动海绵城市建设，系统解决传统城市开发模式带来的洪涝灾害、水质污染、生态破坏等问题，本书编制技术人员倾心编著了《海绵城市典型设施及应用案例》一书，为贯彻落实生态文明绿色发展理念提供技术支持。

《海绵城市典型设施及应用案例》一书汲取了国内外海绵城市建设经验，深化了绿色屋顶、透水铺装、雨水花园、生态树池、高位花坛、湿塘湿地、植草沟等各类源头控制设施的专业内容，从适用条件、典型结构、设施特点、植物选择等各个环节阐述了海绵城市建设细节；结合我国近年来海绵城市建设的实践，总结提炼出适合我国的建筑与小区、公园与道路、水体治理、市政工程等海绵城市建设应用案例，旨在为广大技术、建设、管理人员提供先进经验，帮助更多从业人员掌握海绵城市的相关知识和建设经验。

本书为广大读者提供了大量有益的案例。书中针对案例进行了详细的现状分析，提出了建设目标和指标，介绍了方案设计和设施布置，很有应用价值和参考意义。本书还针对当前一些热点问题进行了介绍，如蓄水模块的使用、深邃建设等，特别是针对当前海绵城市效果评估使用的监测仪器设备等进行了深入的介绍，为实现海绵城市的建设目标提供了有力的支撑，使城市的生态建设、智慧建设落到实处，以保证城市的良性发展和可持续发展。

本书为海绵城市建设提供了全过程的技术指引。首先对方案设计提出了技术思路；然后对设施的处理目标、处理性能、具体布局等提出了细致要求；并辅以案例说明。是一本通俗易懂、既有理论性又有实践性的好书，特推荐给大家。

本书很好地诠释了海绵城市的效果和建设内容。在系统化全域推进海绵城市建设的今天，在中国海绵城市建设已经具有一定实践基础的当下，如何有针对性地解决海绵城市设计、建设、运维过程中的问题？如何使海绵城市建设更上一层楼？相信读者从书中可以找到答案。

中国城镇供水排水协会副秘书长

中国城镇供水排水协会海绵城市建设专家委员会委员

2023年8月1日

前言

海绵城市建设得到了党中央、国务院的高度重视，2013年12月，习近平总书记在中央城镇化工作会议的讲话中强调：提升城市排水系统时要优先考虑把有限的雨水留下来，优先考虑更多利用自然力量排水，建设自然积存、自然渗透、自然净化的海绵城市。”为贯彻习近平总书记上述讲话精神，2014年，住房和城乡建设部颁布《海绵城市建设技术指南——低影响开发雨水系统构建（试行）》。2015年、2016年，我国开展了两批海绵城市试点建设工作。2018年，住房和城乡建设部颁布《海绵城市建设评价标准》，推动了我国海绵城市试点建设验收工作。2021年、2022年，我国开展了两批海绵城市示范建设工作。

通过海绵城市试点建设，各地不断探索、实践，因地制宜地建设了多种海绵设施，有效的缓解了城市内涝、黑臭水体等城市病，海绵城市建设理念逐渐被大众所认可。

《海绵城市典型设施及应用案例》总结了我国海绵城市的建设现状、典型技术设施及海绵城市建筑与小区、公园与道路、水体治理等方面的应用实践案例。其中，本书典型技术设施部分梳理了我国绿色屋顶、雨水花园、生态树池等绿色基础设施、调蓄池、排水泵站等灰色基础设施的适用条件、典型构造、设施特点等，并对海绵城市建设中可能用到的相关仪器设备、设施设备信息化管控等展开介绍；应用案例总结了我国多个城市海绵城市建设项目的概况、现状分析、建设目标、方案设计、典型设施等。这些案例能够对我国其他城市和地区开展海绵城市建设提供借鉴。本书内容翔实，图文并茂，可为海绵城市建设领域工程技术人员、研究机构及管理部门提供参考。

本书应用案例的编排，得到了中建环能科技股份有限公司、亚太建设科技信息研究院有限公司、中国市政工程华北设计研究总院有限公司、天津市政工程设计研究总院有限公司、镇江市给排水管理处、珠海市规划设计研究院、重庆市市政设计研究院有限公司、江苏满江春城市规划设计研究有限责任公司、南京天河水环境科技有限公司、维态思（上海）环保科技有限公司、上海铂尔怡环境技术股份有限公司、汩鸿（上海）环保工程设备有限公司、嘉兴市观涛环保科技有限公司、《给水排水》杂志社等单位及试点城市的大力支持，特此致谢。

由于时间紧迫，难免存在疏漏和不足之处，欢迎同行提出宝贵意见和建议。

本书编委会

2023年5月8日

第1章　绪　论 ······ 001

1.1 我国海绵城市的建设现状 ······ 002

1.1.1 从引入到认识：海绵城市理念的形成 ······ 002

1.1.2 从理念到探索：国家海绵城市建设试点城市经验 ······ 003

1.1.3 从探索到实践：系统化全域推进海绵城市建设 ······ 006

1.2 不同类型的海绵城市建设特征 ······ 008

1.2.1 南方平原型城市 ······ 008

1.2.2 南方多类型地貌城市 ······ 008

1.2.3 滨海型城市 ······ 009

1.2.4 北方冬季寒冷型城市 ······ 009

1.2.5 山地型城市 ······ 010

第2章　海绵城市建设典型技术设施 ······ 011

2.1 绿色屋顶 ······ 012

2.1.1 适用条件 ······ 012

2.1.2 典型结构 ······ 013

2.1.3 设施特点 ······ 013

2.1.4 植物选择 ······ 013

2.2 透水铺装 ······ 014

2.2.1 适用条件 ······ 014

2.2.2 典型结构 …… 014
2.2.3 设施特点 …… 015
2.2.4 植物选择 …… 015
2.3 雨水花园 …… 015
2.3.1 适用条件 …… 015
2.3.2 典型结构 …… 016
2.3.3 设施特点 …… 016
2.3.4 植物选择 …… 016
2.4 生态树池 …… 017
2.4.1 适用条件 …… 017
2.4.2 典型结构 …… 017
2.4.3 设施特点 …… 018
2.4.4 植物选择 …… 018
2.5 高位花坛 …… 018
2.5.1 适用条件 …… 018
2.5.2 典型结构 …… 018
2.5.3 特点 …… 019
2.6 渗透塘 …… 019
2.6.1 适用条件 …… 019
2.6.2 典型结构 …… 020
2.6.3 设施特点 …… 020
2.6.4 植物选择 …… 020
2.7 湿塘 …… 020
2.7.1 适用条件 …… 021
2.7.2 典型结构 …… 021
2.7.3 设施特点 …… 021
2.8 调节塘 …… 021
2.8.1 适用条件 …… 022
2.8.2 典型结构 …… 022
2.8.3 设施特点 …… 022
2.9 植草沟 …… 022

2.9.1 适用条件 …… 023
2.9.2 典型结构 …… 023
2.9.3 设施特点 …… 023
2.9.4 植物选择 …… 023
2.10 湿地 …… 024
2.10.1 适用条件 …… 024
2.10.2 典型结构 …… 024
2.10.3 设施特点 …… 025
2.10.4 植物选择 …… 025
2.11 蓄水模块 …… 026
2.11.1 适用条件 …… 026
2.11.2 典型结构 …… 026
2.11.3 设施特点 …… 027
2.12 调蓄池 …… 027
2.12.1 适用条件 …… 027
2.12.2 典型结构 …… 028
2.12.3 设施特点 …… 028
2.13 排水泵站 …… 028
2.13.1 适用条件 …… 029
2.13.2 典型结构 …… 029
2.13.3 设施特点 …… 029
2.14 深隧 …… 030
2.14.1 适用条件 …… 030
2.14.2 典型结构 …… 030
2.14.3 设施特点 …… 031
2.15 主要仪器设备 …… 031
2.15.1 液位监测仪 …… 031
2.15.2 格栅 …… 033
2.15.3 一体化水处理净化设备 …… 036
2.16 设施设备信息管控 …… 043
2.16.1 原理 …… 043

2.16.2 系统组成 …… 044
2.16.3 产品特点 …… 051
2.16.4 应用领域 …… 051

第3章 海绵城市建筑与小区应用案例 …… 053

3.1 珠海市向阳村海绵城市旧村改造工程 …… 054
3.1.1 项目概况 …… 054
3.1.2 现状分析 …… 055
3.1.3 建设目标 …… 058
3.1.4 方案设计 …… 058
3.1.5 建设效果 …… 067
3.2 珠海市中航花园（二期）海绵城市建设工程 …… 069
3.2.1 项目概况 …… 069
3.2.2 现状分析 …… 069
3.2.3 建设目标 …… 072
3.2.4 方案设计 …… 073
3.2.5 典型设施 …… 078
3.2.6 建设效果 …… 080
3.3 珠海市金湾区东鑫花园海绵化改造工程 …… 082
3.3.1 项目概况 …… 082
3.3.2 现状分析 …… 082
3.3.3 建设目标 …… 084
3.3.4 方案设计 …… 084
3.3.5 典型设施 …… 086
3.3.6 结语 …… 087
3.4 天津市河畔公寓老旧小区海绵化改造工程 …… 088
3.4.1 项目概况 …… 088
3.4.2 现状分析 …… 089
3.4.3 建设目标 …… 090
3.4.4 方案设计 …… 090

3.4.5 典型设施 …… 091
3.5 天津市世芳园老旧小区海绵化改造工程 …… 093
3.5.1 项目概况 …… 093
3.5.2 现状分析 …… 093
3.5.3 建设目标 …… 094
3.5.4 方案设计 …… 095
3.5.5 典型设施 …… 096
3.6 虹桥机场东片区迎宾二路N1地块办公楼建设工程 …… 097
3.6.1 项目概况 …… 097
3.6.2 现状分析 …… 098
3.6.3 建设目标 …… 098
3.6.4 方案设计 …… 099
3.6.5 典型设施 …… 101
3.6.6 建设效果 …… 101

第4章 海绵城市公园与道路应用案例 …… 103

4.1 珠海市金湾区白藤山生态修复湿地公园海绵化改造工程 …… 104
4.1.1 项目概况 …… 104
4.1.2 现状分析 …… 104
4.1.3 建设目标与指标要求 …… 106
4.1.4 方案设计 …… 106
4.1.5 典型设施 …… 110
4.1.6 结语 …… 114
4.2 镇江市海绵公园建设工程 …… 115
4.2.1 项目概况 …… 115
4.2.2 现状分析 …… 116
4.2.3 建设目标 …… 116
4.2.4 方案设计 …… 117
4.2.5 典型设施 …… 118
4.2.6 建设成效 …… 123

4.3 重庆翠云片区D区横一路海绵型道路建设示范工程 …… 124
4.3.1 项目概况 …… 124
4.3.2 现状分析 …… 125
4.3.3 建设目标 …… 127
4.3.4 方案设计 …… 127
4.3.5 典型设施 …… 127
4.3.6 建设成效 …… 131
4.4 镇江市龙门港路海绵型道路改造工程 …… 142
4.4.1 项目概况 …… 142
4.4.2 现状分析 …… 142
4.4.3 建设目标 …… 143
4.4.4 方案设计 …… 143
4.4.5 典型设施 …… 146
4.5 珠海市机场东路美化绿化提升工程 …… 149
4.5.1 项目概况 …… 149
4.5.2 建设目标 …… 151
4.5.3 方案设计 …… 151
4.5.4 典型设施 …… 153
4.6 天津市洞庭路立交海绵化改造示范工程 …… 156
4.6.1 项目概况 …… 156
4.6.2 现状分析 …… 157
4.6.3 建设目标 …… 157
4.6.4 设计方案 …… 157
4.6.5 典型设施 …… 159
4.6.6 建设成效 …… 160

第5章 海绵城市水体治理应用案例 …… 163

5.1 合肥市南淝河初期雨水截留调蓄工程 …… 164
5.1.1 项目概况 …… 164
5.1.2 现状分析 …… 164

5.1.3 建设目标 …… 164
5.1.4 方案设计 …… 165
5.1.5 建设成效 …… 175
5.2 南京市鼓楼区西北护城河水质提升工程 …… 176
5.2.1 项目概况 …… 176
5.2.2 现状分析 …… 177
5.2.3 建设目标 …… 177
5.2.4 方案设计 …… 177
5.2.5 典型措施 …… 179
5.2.6 建设成效 …… 185
5.3 镇江市沿金山湖多功能大口径管道系统工程 …… 188
5.3.1 项目概况 …… 188
5.3.2 现状分析 …… 189
5.3.3 建设目标 …… 190
5.3.4 方案设计 …… 191
5.3.5 典型设施 …… 191
5.4 池州市合流制溢流污染治理工程 …… 198
5.4.1 项目概况 …… 198
5.4.2 现状分析 …… 198
5.4.3 建设目标 …… 199
5.4.4 方案设计 …… 199
5.5 镇江市小米山路及虹桥港水体治理工程 …… 204
5.5.1 项目概况 …… 204
5.5.2 现状分析 …… 205
5.5.3 建设目标 …… 206
5.5.4 方案设计 …… 207
5.5.5 典型设施 …… 208

附　录 …… 211
参考文献 …… 213

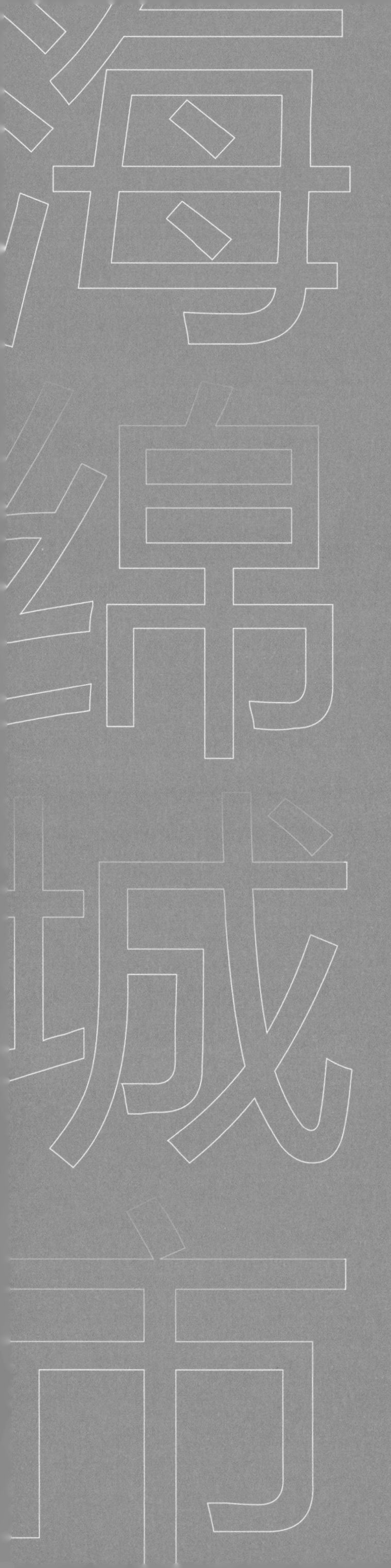

第1章 绪 论

- □ 我国海绵城市的建设现状
- □ 不同类型的海绵城市建设特征

1.1

我国海绵城市的建设现状

城市化的快速发展使城市面临着城市内涝频发、水环境污染、水资源短缺等复杂水问题。为了解决这些问题，我国在借鉴国外雨洪管理理念下，提出了“海绵城市”理念，并进行了试点城市建设。本篇概述了我国海绵城市理念的形成、国家海绵城市试点及示范城市建设分布、不同类型的海绵城市建设特征等。

1.1.1 从引入到认识：海绵城市理念的形成

在国外低影响开发、最佳管理措施、可持续发展排水系统、水敏感性城市等城市雨洪管理等代表性理念与实践的参考借鉴下，我国逐渐发展形成了“海绵城市”理念。“海绵城市”是一种形象的表达。起初，相关学者使用“海绵”来比喻城市对周边区域人口的虹吸作用，后被延伸为城市对雨水的吸纳、保持、释放等作用。

2013年12月12日，习近平总书记在中央城镇化工作会议的讲话中强调：“提升城市排水系统时要优先考虑把有限的雨水留下来，优先考虑更多利用自然力量排水，建设自然存积、自然渗透、自然净化的海绵城市。”此后，国家多个部门也发布了系列政策，共同促进我国海绵城市的建设。

2014年10月发布的《海绵城市建设技术指南——低影响开发雨水系统构建（试行）》给出了海绵城市定义：城市能够像海绵一样，在适应环境变化和应对自然灾害等方面具有良好的“弹性”，下雨时吸水、蓄水、渗水、净水，需要时将蓄存的水“释放”并加以利用[1]。

2015年10月，国务院办公厅发布《推进海绵城市建设的指导意见》（国办发〔2015〕75号）中强调，海绵城市是指通过加强城市规划建设管理，充分发挥建筑、道路和绿地、水系等生态系统对雨水的吸纳、蓄渗和缓释作用，有效控制雨水径流，实现自然存积、自然渗透、自然净化的城市发展方式。

2018年12月发布的《海绵城市建设评价标准》GB/T 51345—2018中指出，海绵城市是通过规划、建设的管控，从“源头减排、过程控制、系统治理”着手，综合采用“渗、滞、蓄、净、用、排”等技术措施，统筹协调水量与水质、生态与安全、分布与集中、绿色与灰色、景观与功能、岸上与岸下、地上与地下等关系，有效控制城市降雨径流，最大限度地减少城市开发建设对原有自然水文特征和水生态环境造成的破坏，使城市能够像“海绵”一样，在适应环境变化、抵御自然灾害等方面具有良好的“弹性”，实现自然积存、自然渗透、自然净化的城市发展方式，有利于达到修复城市水生态、涵养城市水资源、改善城市水环境、保障城市水安全、复兴城市水文化的多重目标。

2022年4月，住房和城乡建设部办公厅发布《关于进一步明确海绵城市建设工作有关要求的通知》，明确了海绵城市的建设内涵，即海绵城市建设应通过综合措施，保护和利用城市自然山体、河湖湿地、耕地、林地、草地等生态空间，发挥建筑、道路、绿地、水系等对雨水的吸纳和缓释作用，提升城市蓄水、渗水和涵养水的能力，实现水的自然积存、自然渗透、自然净化，促进形成生态、安全、可持续的城市水循环系统。

海绵城市建设理念改变了我国城市传统排水系统建设应用中只排不蓄、只排不用的缺陷，通过“渗、滞、蓄、净、用、排”六字方针建设海绵设施，以实现避免和减少城市内涝、降低径流污染、缓解水资源短缺的海绵城市建设目标。建设绿色屋顶、透水铺装、雨水花园等渗透设施，以减少屋面和地面的硬质铺装，从源头减少雨水径流水量，并通过植草沟、生物滞留设施等，降低雨水汇集速度，延迟峰现时间，缓解排水系统运行压力。利用人工湿地、生物滞留、绿色屋顶等措施过滤掉雨水径流中的污染物，达到净化雨水、控制面源污染的目的。利用自然水体与地下雨水调蓄设施蓄存雨水，并将其回用于市政浇洒、景观补水等应用场景中。通过选用合理的海绵设施，使“生态治水”替代“工程治水”，实现自然存积、自然渗透、自然净化的海绵城市。

1.1.2 从理念到探索：国家海绵城市建设试点城市经验

为深入贯彻落实习近平总书记的指示和要求，并结合国内外先进工程建设经验，住房和城乡建设部于2014年组织编制了《海绵城市建设技术指南（试行)》。2015年，国务院办公厅印发了《关于推进海绵城市建设的指导意见》(国办发〔2015〕75号)，统筹推进我国新型城镇化建设转型中的海绵城市建设，文件明确指出要把海绵城市建设提上重要日程，抓紧启动实施，并抓好海绵城市建设试点，尽快形成一批可推广、可复制的示范项目。因此，财政部、住房和城乡建设部、水利部根据《关于开展中央财政支持海绵城市建设试点工作的通知》(财建〔2014〕838号)、《关于组织申报2015年海绵城市建设试点城市的通知》(财办建〔2015〕4号)和《关于开展2016年中央财政支持海绵城市建设试点工作的通知》(财办建〔2016〕25号)等相关文件组织了2015年、2016年海绵城市建设试点城市评审工作，通过竞争性评审确定30个试点城市，由中央财政对试点城市给予专项资金补助(图1-1、表1-1)。这些涵盖不同城市等级的试点城市分布于我国的多个地区且具有较强的代表性，主要通过建设透水铺装道路与下凹式绿地广场、改造老旧小区、疏通排水管网、进行河道整治等多项行动，为缓解城市内涝、改善城市水环境做出了有益贡献(图1-2、表1-2)。

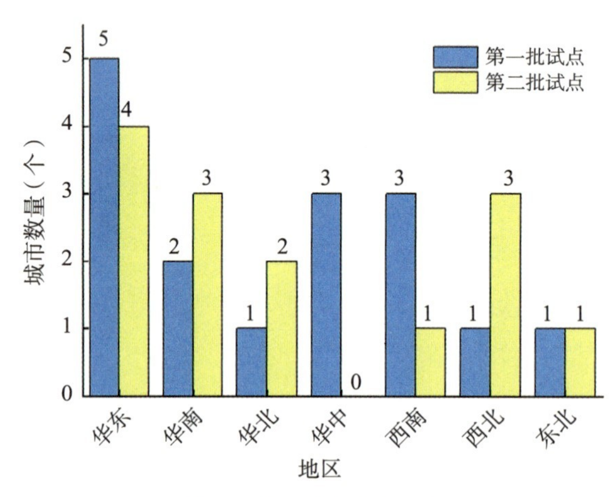

图1-1 试点城市按地区分布

试点城市按地区分布 **表1-1**

分类	第一批试点	第二批试点
华东	萍乡、镇江、济南、嘉兴、池州	宁波、青岛、上海、福州
华南	南宁、厦门	三亚、珠海、深圳
华北	迁安	北京、天津
华中	鹤壁、武汉、常德	—
西南	遂宁、重庆、贵安新区	玉溪
西北	西咸新区	固原、西宁、庆阳
东北	白城	大连

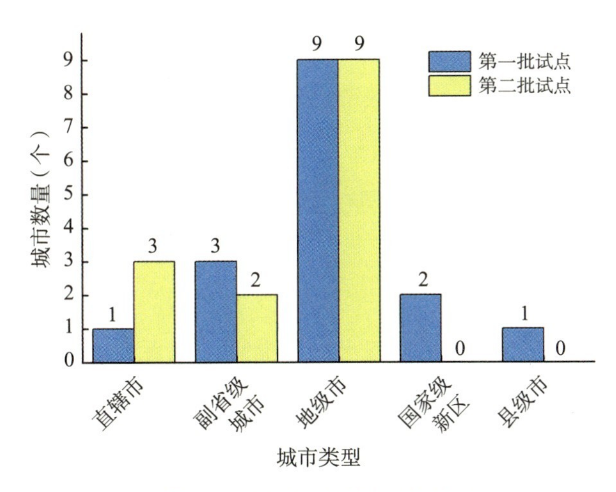

图 1-2　试点城市按城市类型分布

试点城市按城市类型分布　　　　**表 1-2**

分类	第一批试点	第二批试点
直辖市	重庆	北京、天津、上海
副省级城市	厦门、济南、武汉	宁波、青岛
地级市	萍乡、南宁、镇江、鹤壁、遂宁、白城、嘉兴、池州、常德	三亚、玉溪、固原、西宁、庆阳、珠海、深圳、福州、大连
国家级新区	贵安新区、西咸新区	—
县级市	迁安	—

截至2019年，30个海绵试点城市已经结束3年的集中建设，取得了显著成果。各地在建设中基于本底特征，借鉴国内外相关经验，因地制宜地建设了透水铺装、生物滞留设施等，显著提升了城市面对雨水时的弹性和韧性，有效缓解了城市内涝、黑臭水体等城市病，同时改善了人居环境，实现了雨水资源化利用。例如，西安的西咸新区沣西新城在实施海绵城市试点建设后，有效缓解了城市内涝，与邻近的沣东新城出现大面积内涝形成了鲜明的对比。常德通过海绵城市建设，消除了穿紫河的黑臭水体，极大改善了河道生态，得到沿岸居民的一致好评。镇江和济南通过同步实施海绵化改造与水电改造等建设项目，节约改造成本并提升小区人居环境。北京中关村国家自主创新示范区通过海绵城市建设，将收集到的雨水净化后用于道路浇洒、冲厕。海绵城市的推广与建设也促进了相关产业发展，例如，南宁通过海绵城市产业园吸引了国内外多家企业入驻，构建新的经济增长点；萍乡的海绵城市建设行动有效推动了本土相关产业转型，扩展了透水性建材市场发展[2]。

海绵城市试点的建设工作也存在着一些不足，如一些城市在建设过程中体系化不强、没有全域推进，造成海绵城市建设项目碎片化[3]。

1.1.3 从探索到实践：系统化全域推进海绵城市建设

系统性、全域化是海绵城市建设的重要发展方向。海绵城市建设不单是独立的工程建设项目，需要统筹兼顾城市水文水循环、水系统工程、灾害防治、规划等多个学科，避免“头痛医头、脚痛医脚”，才能系统解决城市内涝，拉动地方经济，缓解城市水问题与经济发展两者之间的矛盾[4-6]。

为做好系统化全域推进海绵城市建设工作，根据财政部、住房和城乡建设部、水利部发布的《关于开展系统化全域推进海绵城市建设示范工作的通知》(财办建〔2021〕35号)、《中央财政海绵城市建设示范补助资金绩效评价办法》(财办建〔2021〕53号)及《关于开展“十四五”第二批系统化全域推进海绵城市建设示范工作的通知》(财办建〔2022〕28号)等相关文件，通过竞争性选拔确定两批共45个城市开展海绵城市建设示范，由中央财政给予定额补助。第一批20个示范城市主要倾向于基础工作扎实、条件具备的省份和城市，第二批25个示范城市主要根据城市工作基础、工作方案成熟度等因素确定，并向中西部地区倾斜(图1-3、图1-4、表1-3、表1-4)。

本次示范城市将充分运用国家海绵城市试点工作经验和成果，制定全域开展海绵城市建设工作方案，建立与系统化全域推进海绵城市建设相适应的长效机

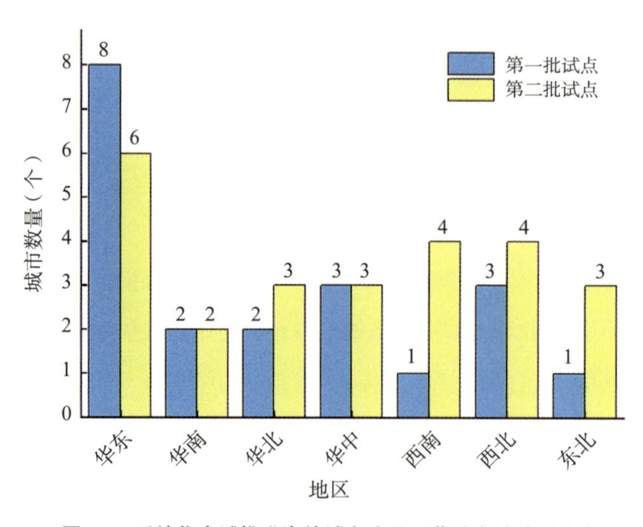

图1-3 系统化全域推进海绵城市建设示范城市按地区分布

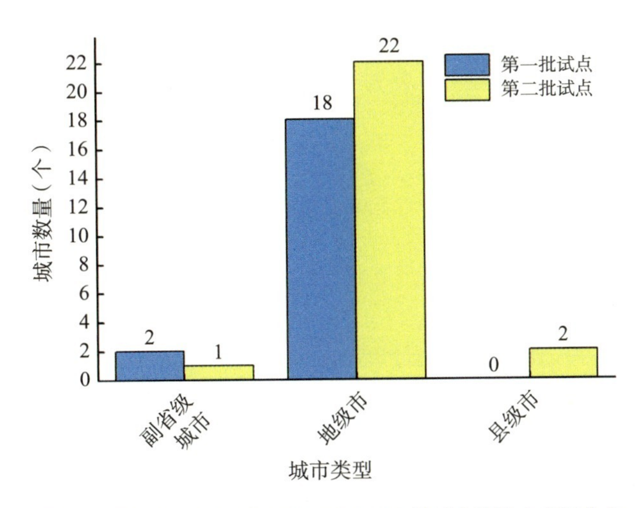

图1-4　系统化全域推进海绵城市建设示范城市按城市类型分布

系统化全域推进海绵城市建设示范城市按地区分布　　表1-3

分类	第一批试点	第二批试点
华东	无锡、宿迁、杭州、马鞍山、龙岩、南平、鹰潭、潍坊	昆山、金华、芜湖、漳州、南昌、烟台
华南	广州、汕头	中山、桂林
华北	唐山、长治	秦皇岛、晋城、呼和浩特
华中	信阳、孝感、岳阳	开封、宜昌、株洲
西南	泸州	广元、广安、安顺、昆明
西北	铜川、天水、乌鲁木齐	渭南、平凉、格尔木、银川
东北	四平	沈阳、松原、大庆

系统化全域推进海绵城市建设示范城市按城市类型分布　　表1-4

分类	第一批试点	第二批试点
副省级城市	杭州、广州	沈阳
地级市	唐山、长治、四平、无锡、宿迁、马鞍山、龙岩、南平、鹰潭、潍坊、信阳、孝感、岳阳、汕头、泸州、铜川、天水、乌鲁木齐	秦皇岛、晋城、呼和浩特、松原、大庆、金华、芜湖、漳州、南昌、烟台、开封、宜昌、株洲、中山、桂林、广元、广安、安顺、昆明、渭南、平凉、银川
县级市	—	昆山、格尔木

制，统筹使用中央和地方资金，完善法规制度、规划标准、投融资机制及相关配套政策，结合开展城市防洪排涝设施建设、地下空间建设、老旧小区改造等，全域系统化建设海绵城市。力争通过3年集中建设，示范城市防洪排涝能力及地下空间建设水平明显提升，河湖空间严格管控，生态环境显著改善，海绵城市理念

得到全面、有效落实，为建设宜居、绿色、韧性、智慧、人文城市创造条件，推动全国海绵城市建设迈上新台阶[7]。

1.2 不同类型的海绵城市建设特征

我国幅员辽阔，在海绵城市的规划建设中，需要根据不同的区域概况、城市下垫面、地质地形、气候气象、水文等条件，合理选择“渗、滞、蓄、净、用、排”等设施，实现城市水文的良性循环，保护原有生态系统，恢复和修复受破坏的水体及自然环境[8]。

1.2.1 南方平原型城市

南方城市河流、湿地较多。在海绵城市建设中，首先，应加强对天然海绵体的保护，以水环境质量为核心，协同推进水资源、水生态、水环境及水安全，划定并严守生态红线，增强水源涵养。其次，加强绿色基础设施建设，通过建设下凹式绿地、植草沟、绿色屋顶等源头、分散式雨水收集利用措施，提高城市绿化覆盖率和水资源利用率。如安徽省池州市由于濒临长江、背依皖南山区，持续性降雨或强降雨较多，受长江洪水及山洪的威胁较大，且池州城区地形高差小、排水能力差，容易造成城市内涝，同时水质污染较为严重。池州市通过建设透水铺装、植草沟、生物滞留设施等海绵城市基础设施，实现延迟峰现时间、净化雨水的目的，将雨水收集至调蓄池以待使用，通过雨污分流改造有效提升城市防洪排涝能力。同时对河道进行疏通，通过上游拦截、设置水体循环曝气系统等方式改善水体水质，并通过增加山体绿化、挡墙等设施减少山体水土流失[9, 10]。

1.2.2 南方多类型地貌城市

南方多类型地貌城市内小河流较多，是防洪排涝的主要通道，在海绵城市建设时，主要通过建设透水铺装、生物滞留设施等措施减少城市不透水面积，并在河道旁建设人工湿地、植被缓冲带，减少初期雨水对水体的污染，同时针对水体已存在的污染，综合利用“控源、截污、修复”等方式对水体进行综合修复。例如南宁市，由于地处盆地，地貌多样，地形高低不平，河流众多，部分岸坡坍塌，河道排洪能力不足，故城市水体污染严重。在海绵城市试点建设中，南宁以河道生态系统修复为目标，通过建设河道护岸、加固护坡，选择合适坡面区域建设下凹式绿地、雨水花园等设施美化环境，充分发挥生态系统自我修复能力，提高绿地雨水资源利用率，提升城市防洪能力，并建设透水铺装、下凹式绿地、湿塘等，以收集雨水并削减地面径流污染[13]。

1.2.3 滨海型城市

对于滨海型城市需考虑暴雨、台风等自然灾害的影响，因此在建造海绵城市过程中应以防灾为重点，保障城市排水安全。通过建设生物滞留设施、透水铺装、人工湿地等减少不透水面积，达到雨水自然排放目的，通过提高城市排水设施建设标准、构建完整的城市排水防涝体系以及加强河道整治和清淤等措施来减少夏季暴雨对城市带来的威胁。例如，福建省厦门市在夏季常受台风天气影响，短历时降雨强度大，海潮易造成排水管道顶托、市区内涝，且水体受到不同程度的污染。通过海绵城市建设，厦门市利用透水铺装、绿色屋顶等设施从源头减少雨水径流并净化水质，同时在道路旁建设下凹式绿地、植草沟等设施来延迟峰现时间，通过改扩建污水处理设施及综合整治河道，减少面源污染、改善水环境，并开展雨污分流改造、低洼积水点排水设施提标改造等项目，减弱海潮对城市排水的影响，有效提高城区防洪排涝能力[12]。

1.2.4 北方冬季寒冷型城市

对于水资源较为短缺的北方城市，急需加强污水的再生利用及雨水的资源化利用，同时针对水体污染严重的区域，需要进行雨污分流改造，并建设污水干管或截污干管，减少入河污染物总量，同时，在海绵城市基础设施种植的植物要具有抗寒耐淹及一定的抗旱与耐盐碱能力。与大多数南方城市不同，北方城市还需要考虑降雪资源的合理利用，在海绵城市建设的过程中预留堆雪空间和储存冰雪的空间，提高雪水资源利用率，同时选择耐低温的透水铺装材料和植物。例如辽宁省大连庄河市的海绵城市建设团队结合当地冬季严寒的气候条件，研制出适合庄河及类似冬季低温有降雪地区的相关融雪方法及材料，有效改善了当地由融雪剂造成的冬季融雪径流污染问题。此外，该团队还研发了耐低温的透水铺装材料，避免了透水铺装路面在冬季发生冻胀破坏，同时选用耐严寒、耐酷暑的千屈菜、睡莲等“海绵植物”，保证绿色基础设施的有效运行[11]。

1.2.5 山地型城市

山地型城市主要通过在山地周围建设截洪沟、雨水花园、雨水调蓄池等措施缓解山体雨水径流对城市排水压力的影响。通过在山体上增加植被覆盖，减少山体水土流失，因地制宜选取绿色屋顶、透水铺装、生物滞留设施等，促进雨水的蓄存、渗透和净化，以及在河道旁建设人工湿地，减少入河污染物。例如，重庆因地形起伏大、地质条件复杂，水土流失情况严重。悦来新城会展公园在海绵城市试点建设中将地势较低的区域作为雨洪调蓄的主要区域，并结合道路和场地坡度确定主要径流方向，采用“雨水景观塘+集水模块”两个独立系统，实现对雨水的调蓄、净化与回用。利用地形高差，建设植草沟、湿塘、雨水花园等设施，形成阶梯式“拦水”海绵体，增加雨水调蓄容积，有效滞缓雨水，同时对雨水进行多重净化[14]。

第2章

海绵城市建设典型技术设施

- □ 绿色屋顶
- □ 透水铺装
- □ 雨水花园
- □ 生态树池
- □ 高位花坛
- □ 渗透塘
- □ 湿塘
- □ 调节塘
- □ 植草沟
- □ 湿地
- □ 蓄水模块
- □ 调蓄池
- □ 排水泵站
- □ 深隧
- □ 相关仪器设备
- □ 设施设备信息管控

海绵城市不仅要关注相关设施对雨水的吸纳作用，还应重视这些设施饱和后的径流控制问题，需根据实际情况灵活选取“渗、滞、蓄、净、用、排”等不同设施，统筹利用绿色基础设施与灰色基础设施功能，才能达到缓解城市内涝的目的。

如何因地制宜地构建海绵城市，选择合适的海绵城市基础设施，对于缓解城市内涝、水环境污染、水资源短缺等具有重要意义[15-17]。

绿色基础设施的建设可以减少城市基础设施建设中的硬化面积，或将其分散成多个小面积的区域，进而能够充分利用自然下垫面对雨水的渗透、滞蓄作用，达到减少地面雨水径流、净化初期雨水污染、蓄存雨水资源、涵养城市生态资源的作用。绿色基础设施对雨水径流的调控达到饱和后或满足设计要求时，通过溢流进入灰色基础设施中，在灰色基础设施中完成储存、转移和排放，实现雨水径流的自然水循环，减轻城市排水系统的运行压力。

本书中绿色基础设施主要包括绿色屋顶、透水铺装、雨水花园、生态树池、高位花坛、渗透塘、湿塘、调节塘、植草沟、湿地等；灰色基础设施主要包括蓄水模块、调蓄池、排水泵站、深隧等。

2.1 绿色屋顶

绿色屋顶是指在建筑物、构筑物的顶部铺设一定厚度的滞留介质，并种植植物的屋面，是一种用于收集利用雨水、减少雨水径流的源头减排设施。绿色屋顶通常也称为种植屋面或屋顶绿化[18]。

2.1.1 适用条件

绿色屋顶适用于坡度较小的屋顶。当屋面坡度大于15° 时，应在绿色屋顶的绝热层、防水层、排（蓄）水层、种植土层等采取防滑措施。根据屋面载荷及坡度的不同，在设计施工时应满足《种植屋面工程技术规程》JGJ 155及相关标准规范的要求。

2.1.2 典型结构

绿色屋顶的基本结构从上至下依次为植被层、种植土层、过滤层、蓄排水层、保护层、阻根层、普通防水层、找平层、保温层和基层（图2-1），可根据当地的气候特点、种植的植被种类等情况增减屋面构造层次。

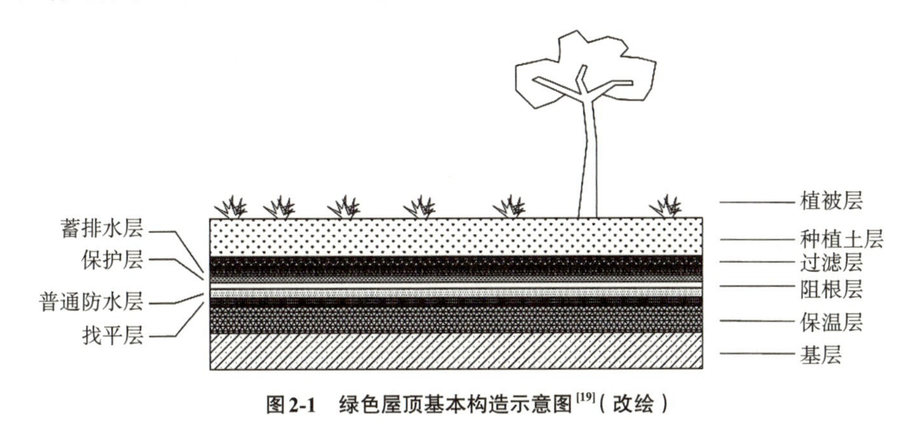

图2-1 绿色屋顶基本构造示意图[19]（改绘）

2.1.3 设施特点

（1）调控径流，缓解径流污染；

（2）增加城市绿化面积，减弱噪声，吸附灰尘，改善环境质量；

（3）保持建筑内部冬暖夏凉，减少空调使用，节约能源，缓解城市热岛效应；

（4）保护建筑物顶部，延长其使用寿命[20, 21]。

2.1.4 植物选择

由于受到屋顶承载力和种植成本的制约，绿色屋顶种植土层厚度较小，所以种植植物的根系较浅。同时，由于位于高处暴露区域，选择的植物要有较强的抗风、抗旱、抗寒能力，且不需要经常进行修剪、病虫害防治等。植物常选用紫花地丁、蛇莓等。

2.2 透水铺装

透水铺装是指将透水性能良好、孔隙率高的材料应用于道路结构中，使道路具有良好的排水、透水和滤水功能。按照面层使用材料的不同，可分为透水水泥混凝土、透水沥青、透水砖及嵌草砖。

2.2.1 适用条件

透水铺装主要应用于街区道路、人行步道及城市广场等区域，当透水铺装应用于污染严重区域或可能造成陡坡坍塌、滑坡灾害的区域或特殊土壤地区时，需采取必要的措施防止次生灾害或地下水污染的发生[22]。根据载荷和材质的不同，透水铺装在设计施工时应满足《透水砖路面技术规程》CJJ/T 188、《透水沥青路面技术规程》CJJ/T 190、《透水水泥混凝土路面技术规程》CJJ/T 135等的要求。

2.2.2 典型结构

透水铺装典型构造如图2-2所示。

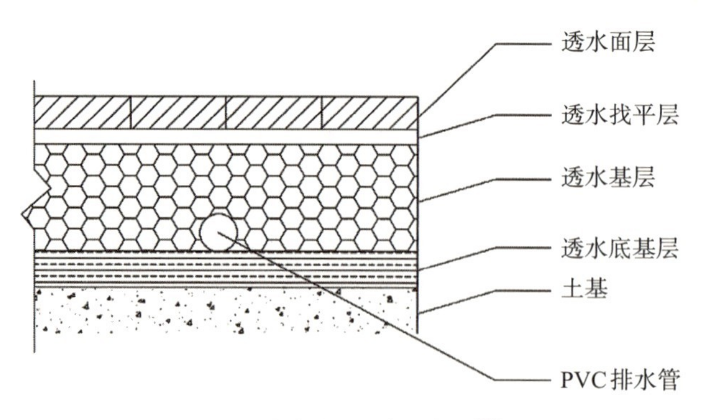

图2-2　透水铺装典型构造示意图[22]（改绘）

2.2.3 设施特点

（1）缓解城市排水系统压力，降低路面径流污染；
（2）减少噪声，减少光污染；
（3）改善城市热湿环境。

2.2.4 植物选择

嵌草砖是透水铺装的一种形式，多用于停车场、人行道等地方。因为常有行人和车辆经过，所以嵌草砖旁常种植耐踩踏的低矮植物，且所种植的植物需要承受长时间的干旱及周期性的雨涝。植物常选用地锦、车前草、马齿苋等。

2.3 雨水花园

雨水花园是指用于收集来自屋顶或地面雨水的洼地，可削减雨水径流峰值与水量，并减少径流污染。

2.3.1 适用条件

雨水花园一般设置于道路两侧、停车场、小区绿地等位置。雨水花园适宜建立在汇水区域面积较小且远离建筑物的地方[23]，若建设区域位于污染严重区域、自重湿陷性黄土地区、膨胀土等特殊土壤地区或距离建筑物较近时，应注意防渗[24]。对于污染严重的汇水区，可采用植草沟、植被缓冲带、弃流、排盐等预处理措施。

2.3.2 典型结构

雨水花园典型构造如图2-3所示。

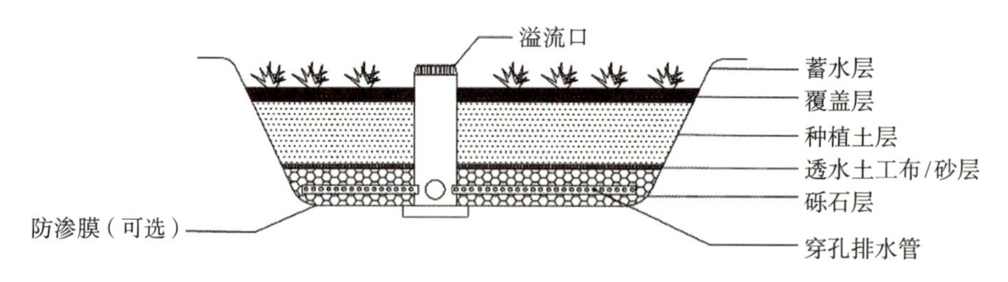

图2-3 雨水花园典型构造示意图[22]（改绘）

2.3.3 设施特点

（1）调控雨水径流，净化雨水水质；

（2）增加渗透面积，缓解城市热岛效应；

（3）形式多样，适用区域广，易与景观结合，美化环境；

（4）建设及维护费用低。

2.3.4 植物选择

雨水花园在非降雨期几乎是干燥的，在降雨期间径流流速较快，所以选择的植物要有一定的抗旱及抗雨水冲刷的能力。优先考虑根系发达的植物，减少水土流失。此外，雨水花园具有较高的水质净化目标，可将常绿草本与落叶草本混合种植，提高雨水花园的净水能力及观赏性。植物常选用香蒲、千屈菜、芦竹、垂柳、枫杨等。

2.4 生态树池

生态树池是指在传统树池的基础上，在其内部空间设置生态化措施，使其具有调控雨水径流的功能。

2.4.1 适用条件

生态树池灵活性强、适用范围广，主要用于道路旁、公园绿地及广场等地。

2.4.2 典型结构

生态树池典型构造如图2-4所示。

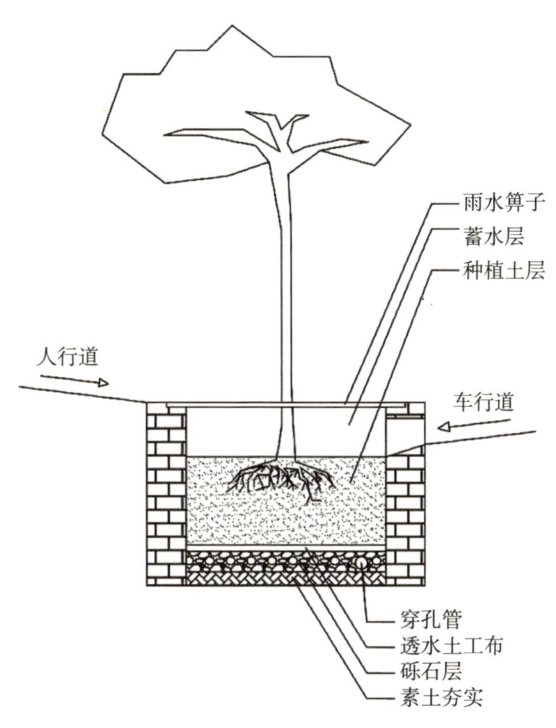

图2-4 生态树池典型构造示意图[25]（改绘）

2.4.3 设施特点

（1）完善道路功能；
（2）净化雨水；
（3）减少地面雨水径流，涵养地下水；
（4）保障树木生长，提升景观环境功能。

2.4.4 植物选择

生态树池基本不积水，且种植土较厚，一般大于等于1m，所以可种植中小型规格的乔木，如银杏、桂花树等。

2.5 高位花坛

高位花坛是指由人工建造于地面以上，且出水口相对于集水面有一定垂直距离的可以净化雨水的花坛[26]。

2.5.1 适用条件

高位花坛适用于道路两侧绿化带、绿色屋顶、绿地广场等地。

2.5.2 典型结构

高位花坛典型构造如图2-5所示。

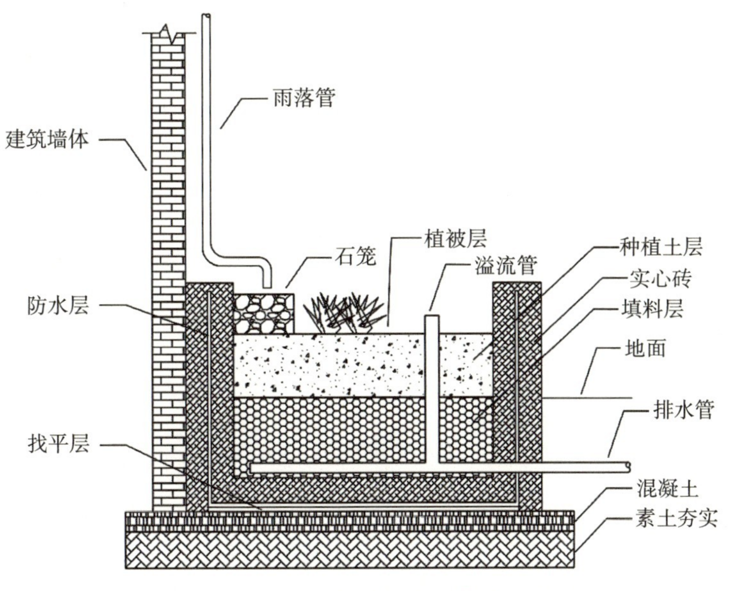

图2-5　高位花坛典型构造示意图[27]（改绘）

2.5.3 特点

（1）调节雨水径流；

（2）净化雨水水质；

（3）提升城市景观环境功能。

2.6

渗透塘

渗透塘是指可以利用雨水补充地下水的洼地。

2.6.1 适用条件

渗透塘适用于汇水面积较大（大于1hm^2）且具有一定空间条件的区域。当渗透塘建于径流污染严重、距离建筑物较近（水平距离小于3m）或塘底距离最高地下水位、岩石层较近（小于1m）时，应采取必要的措施防止次生灾害发生[22]。

2.6.2 典型结构

渗透塘典型构造如图2-6所示。

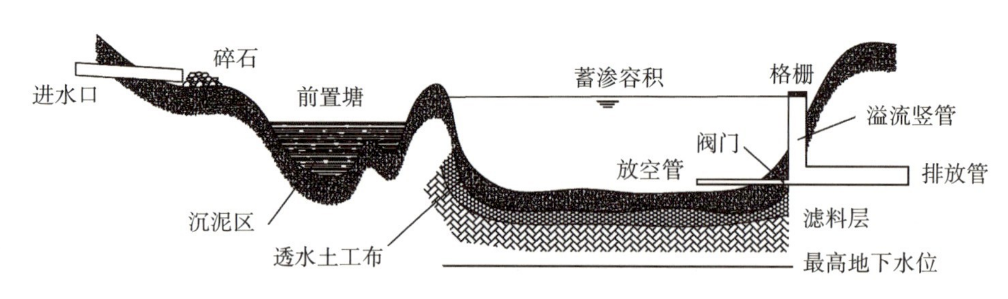

图2-6 渗透塘典型构造示意图[22]（改绘）

2.6.3 设施特点

（1）调蓄雨水，补充地下水；
（2）建设费用低。

2.6.4 植物选择

在选择植物时，根据渗透塘的下凹深度和土壤的渗透性，充分考虑植物的抗旱耐涝特性，优先选择根系发达且净化能力强的植物种类，采用乔、灌、草相结合的搭配方式。植物常选用紫薇、野蔷薇、刺槐等。

2.7 湿塘

湿塘是指利用雨水或河水作为补水水源的景观水体，具有调蓄和净化雨水的功能。

2.7.1 适用条件

湿塘适用于建筑与小区、城市绿地与广场、河道旁等具有空间条件的场地。当建设位置地质为软土时，需要对其进行地基处理，以提高其稳定性和承载能力[22, 28]。

2.7.2 典型结构

湿塘典型构造如图2-7所示。

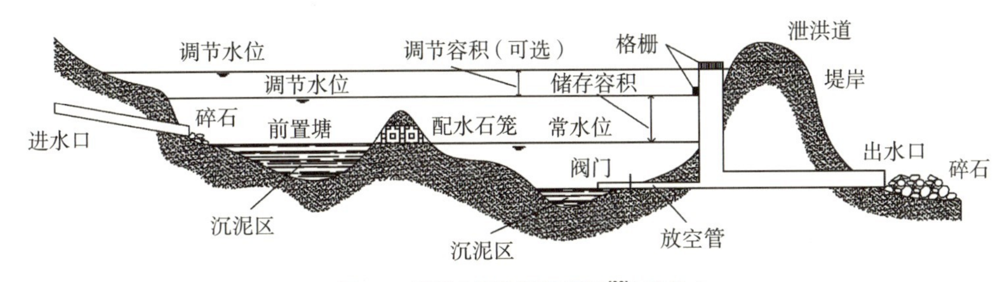

图2-7 湿塘典型构造示意图[22]（改绘）

2.7.3 设施特点

（1）有效削减汇水区域内雨水径流量，增加河道调蓄量；

（2）有效净化汇水区域内雨水水质，净化河道水质；

（3）景观生态作用强。

2.8 调节塘

调节塘又被称为干塘，其作用主要为削减径流峰值，也可通过合理设计使其具有净化雨水和补充地下水的作用[22, 29]。

2.8.1 适用条件

调节塘适用于建筑与小区、绿地公园、河道旁等具有一定空间条件的区域。

2.8.2 典型结构

调节塘典型构造如图2-8所示。

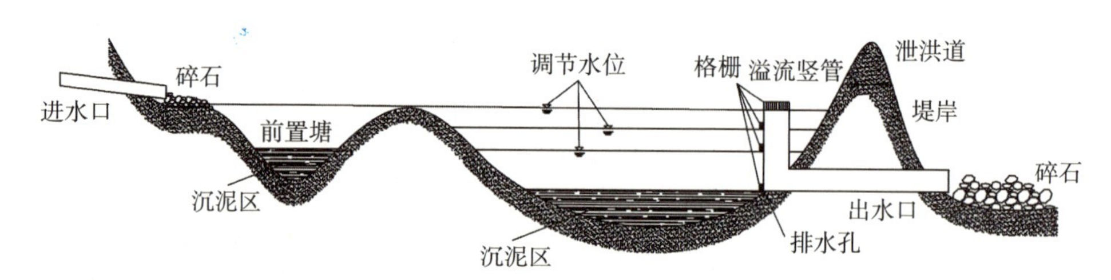

图2-8 调节塘典型构造示意图[22]（改绘）

2.8.3 设施特点

（1）调节径流洪峰流量；
（2）建设维护费用低。

2.9

植草沟

植草沟是指用来转输雨水径流，具有一定净化雨水水质能力，且有植被覆盖的沟渠。植草沟可与其他设施衔接使用，组成城市雨水管理系统。植草沟分为转输型植草沟和渗透型植草沟，其中渗透型植草沟包括干式植草沟和湿式植草沟。

转输型植草沟主要是将雨水径流传输至其他的水处理设施中。干式植草沟具有滞蓄雨水径流和促进雨水下渗的作用，下部铺设穿孔管，用于传输下渗的雨水径流。湿式植草沟在土壤层下设置不透水层，从而增加雨水下渗的水力停留时间，提升植草沟对径流的净化效果。

2.9.1 适用条件

植草沟通常设置于道路、广场、绿地、停车场等设施的边缘，用于收集和转输小型地块的雨水径流，也可作为生物滞留设施、湿塘等设施的预处理设施。在场地竖向允许，且不影响安全的情况下可代替雨水管渠，但在陡坡或特殊土层地区不宜采用[22]。

2.9.2 典型结构

植草沟典型构造如图2-9所示。

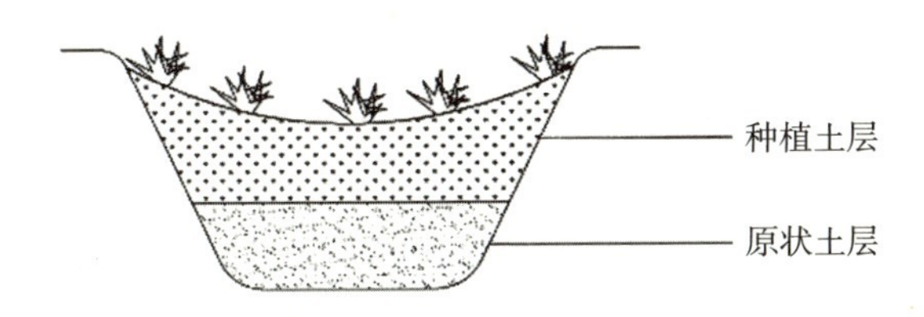

图2-9 植草沟典型构造示意图[30]（改绘）

2.9.3 设施特点

（1）降低径流流速，削减径流水量，净化径流水质；

（2）增加雨水下渗，间接补充地下水；

（3）可代替管网收集和输送雨水，造价低于管网。

2.9.4 植物选择

植草沟植物的选择应以草本植物为主，且具有一定的抗雨水冲刷、抗旱耐涝的能力，同时需要选择根系发达的植物，以加强污染物的去除能力，防止水土流失。此外，植草沟内种植的植物密度应稍大，以增加水流阻力，延长雨水滞留时间。植物常选用千屈菜、狗尾草等。

2.10

湿地

湿地是指常年或季节性积水的区域。

湿地由自然湿地与人工湿地组成，人工湿地包含雨水湿地和拼装湿地等。

雨水湿地是由人工建造的模拟自然湿地结构与功能的雨水净化处理设施，其通过水体、基质、动物、植物和微生物之间的物理、化学、生物作用，实现对水体的净化。

拼装湿地采用典型的垂直流人工湿地工艺，模拟自然湿地的结构和功能，人为地将水体分配到由填料与水生植物、动物和微生物共同构成的独特生态系统中，实现水体水质净化功能的提升和近自然系统的生物多样性保护。

2.10.1 适用条件

雨水湿地一般设置于具有一定空间条件的城市绿地、建筑与小区及滨水带等区域，且不影响河道的正常行洪安全。建设时优先考虑自然坡度为0～3%的洼地、荒地或塘等经济价值较低的区域。

拼装湿地一般设置于劣V类以上的河流、湖泊及各类封闭性水体中，可作为水岸间的绿色过渡地带或河水中的生态小岛。

2.10.2 典型结构

雨水湿地典型构造如图2-10所示。

拼装湿地由强化动力单元和高效湿地单元组成。

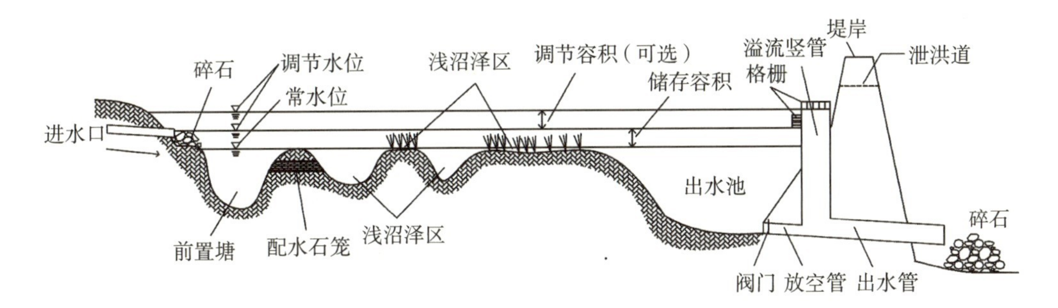

图2-10 雨水湿地典型构造示意图[22]（改绘）

2.10.3 设施特点

2.10.3.1 雨水湿地

（1）工艺简单，建造和维护费用低；

（2）净化雨水径流，调控径流峰值流量；

（3）改善区域小气候；

（4）为野生动物提供栖息地，丰富区域物种多样性和景观效果。

2.10.3.2 拼装湿地

（1）净化能力强；

（2）可自由组合，拼装成各类形状；

（3）使用寿命长；

（4）抗风浪及水位波动能力强；

（5）景观效果好。

2.10.4 植物选择

2.10.4.1 雨水湿地

雨水湿地是一个复杂的水路交接生态系统，通过物理、生物、化学等作用去除水体中的各种污染物。根据不同的水环境条件，雨水湿地可分为蓄水区和植被缓冲区两部分。湿地的蓄水区通常选择根系发达、耐水淹、净化能力强的水生植物，如睡莲、芦苇等。植被缓冲区周期性被雨水淹没，植物通常选择根系发达的沼生或湿生植物，如千屈菜、柽柳等。

2.10.4.2 拼装湿地

可在模块表面种植各种植物，如中间带可以种植比较挺拔的美人蕉等，次圈可以种菖蒲等稍矮一些的植物，最外圈可以种植圆币草等。

2.11 蓄水模块

蓄水模块是指利用注塑法将聚乙烯（polyethylene，简称PE）或聚丙烯（polypropylene，简称PP）加工成内部和周边镂空的可有效收集和存储雨水的单元。

2.11.1 适用条件

蓄水模块适用于公园、街道和小区的绿化景观、停车场等区域的地下，且设置位置应避开污染源区域、地质条件不稳定区域、重型行车道路和重型机械施工区域。在靠近天然水系中、下游，市政排水管道及水体、湿地等区域，可设置回用储水池或调蓄排放模块储水池。渗透用模块储水池的建设应避开湿陷性黄土、膨胀土、多年冻土、高含盐土等特殊土壤地区以及陡坡、坍塌土等区域。在非自重湿陷性黄土区，模块储水池宜设在建筑物、构筑物防护区外，当防护区之外没有条件时可设置在防护区内[31]。

2.11.2 典型结构

蓄水模块构造如图2-11所示。模块化雨水储水池由多个蓄水模块组合，并在组合体的外围包裹能透水的土工布或防透水的土工膜[32]。

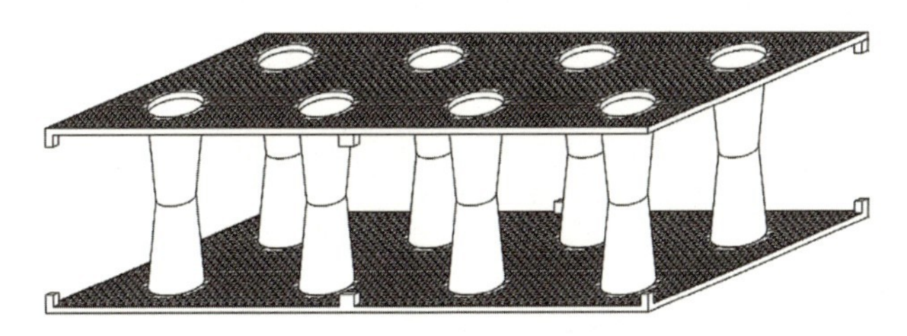

图 2-11 蓄水模块示意图

2.11.3 设施特点

(1)集成化程度高，方便安装与施工；

(2)储水率高；

(3)成本低廉，使用寿命长[33-36]。

2.12 调蓄池

雨水调蓄池是一种雨水收集设施，主要是把雨水径流的高峰流量暂留池内，待最大流量下降后再从调蓄池中将雨水慢慢地排出。实现既能规避雨水洪峰，提高雨水利用率，又能控制初期雨水对受纳水体的污染，还能对排水区域间的排水调度起到积极作用。

2.12.1 适用条件

雨水调蓄池的位置应根据调蓄目的、排水体制、管网布置、溢流管下游水位高程和周围环境等综合考虑后确定。根据调蓄池在排水系统中的位置，可将其分为末端调蓄池和中间调蓄池。末端调蓄池位于排水系统的末端，主要用于城镇面源污染控制。中间调蓄池位于一个排水系统的起端或中间位置，可用于削减洪峰流量和提高雨水利用程度。当用于削减洪峰流量时，调蓄池一般设置于系统干管之前，以减少排水系统达标改造工程量。当用于雨水利用储存时，调蓄池应靠近用水量较大的地方，以减少雨水利用管渠的工程量[22, 37]。

2.12.2 典型结构

目前雨水调蓄池一般采用钢筋混凝土或砖石结构，其优点是节省占地，便于雨水重力收集，还可避免阳光直接照射，保持较低的水温和良好的水质，抑制藻类生长并防止蚊蝇滋生，同时也能保障安全（图2-12）。

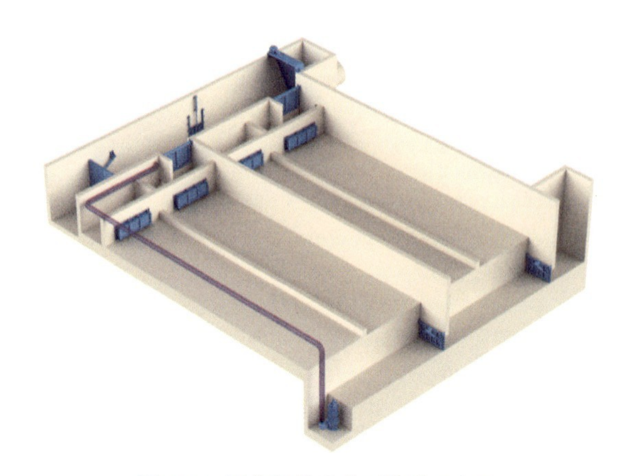

图2-12 雨水调蓄池典型构造示意图

2.12.3 设施特点

（1）调节洪峰流量，提高雨水利用率；

（2）形式多样；

（3）协助净化雨水，减少排水系统费用，缓解排水管网压力[38, 39]。

2.13 排水泵站

排水泵站是城市排水系统中的重要基础设施，在每年的雨季和汛期中承担着城市防洪排涝的重要作用[40]。在实际工程应用中，一体化排水泵站的使用较多。

2.13.1 适用条件

根据设置位置的不同，排水泵站可分为中途泵站、局部泵站和终点泵站。

中途泵站：位于排水管道的沿途，避免排水管道埋设过深。

局部泵站：通常位于高楼的地下室、地下铁路等处，用以提升局部区域的污水或雨水调节能力。

终点泵站：通常设置于污水处理厂的构筑物之前或排入水体前的雨水管道上。

2.13.2 典型结构

排水泵站典型构造如图2-13所示。

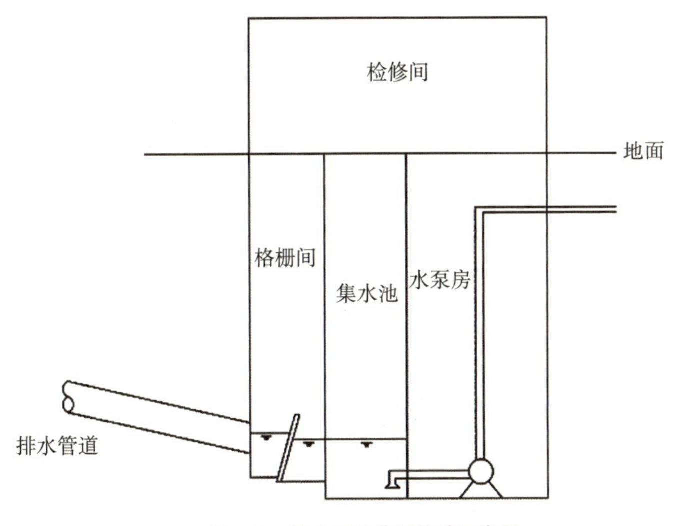

图2-13　排水泵站典型构造示意图

2.13.3 设施特点

(1)缓解城市内涝；

(2)改善人居环境，提升城镇品位。

2.14 深隧

深隧是指建设于城市地面以下深层及次深层地下空间，用于调蓄、输送污水或雨水的隧道。根据运输水体类型的不同，可分为雨水排放隧道、污水排放隧道、合流调蓄隧道和复合功能排水隧道四种[41, 42]。

2.14.1 适用条件

深隧适用于城市空间狭窄，地铁、地下停车场、建筑物基桩建设复杂等对浅层排水管网施工改造困难大的地方。

2.14.2 典型结构

深隧排水系统典型构造如图2-14所示。

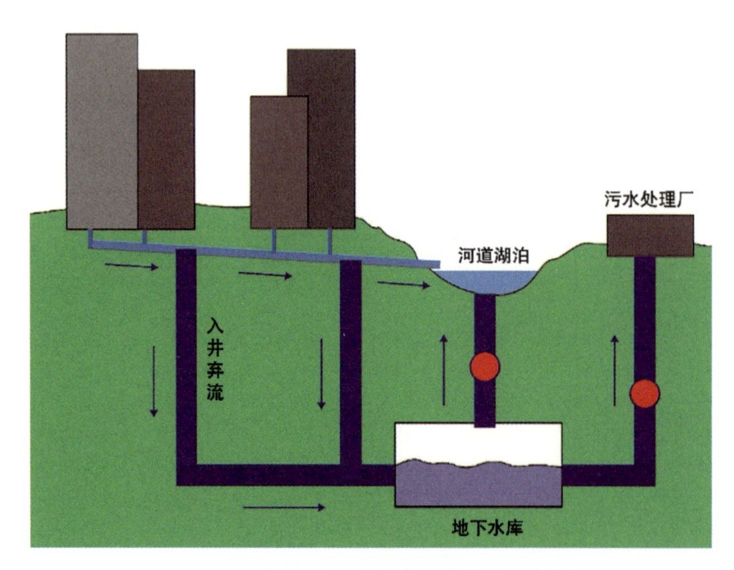

图2-14 深隧排水系统结构示意图[41]（改绘）

2.14.3 设施特点

（1）提升城市排水能力，缓解城市内涝；

（2）减少管道溢流污染风险；

（3）减少地面道路开挖，对城市居民生活影响小。

2.15 主要仪器设备

海绵城市建设中，技术体系与设备体系密不可分：技术体系依托于设备体系实现效果落地；设备体系通过技术体系进行完善，并最终服务于技术体系[43]。

设备的选择应用遵循三大原则：①适应性原则：海绵城市的建设项目本底情况不一，设计面广，因此因地制宜地选择合适的设备，有助于提升项目建成后的运营效果。②灵活性原则：海绵城市建设有众多的相关设施，设施中需要相关的设备，通过合理、灵活地组合现有设施与设备，使项目建设运营更加经济、合理、有效。③可靠性原则：海绵城市运营期大多较长，选择合适的设备将会大大降低海绵城市项目后期的运营困难程度和运营成本。

2.15.1 液位监测仪

液位监测仪作为海绵城市基础设施建设中必不可少的设备之一，可以对污水处理厂、泵站、河道、管网、积水点等处的液位进行监测，通过数据集成，可以使相关单位了解相关设施的运行情况，进而有针对性地进行维护。

2.15.1.1 原理

液位监测仪上的超声波传感器连续接收从液体表面反射的超声波脉冲，再次通过传感器检测反射波，根据声波的传播时间计算液位、距离或体积。

2.15.1.2 系统组成

液位监测仪由超声波传感器、变送器和安装附件组成。

1.超声波传感器

带有集成温度补偿功能的超声波传感器与变送器直接连接，为流体提供多种计量选项。

2.变送器

变送器可以处理高精度的流量检测、抗干扰数字回波分析及难以测量的位置。

3.安装附件

安装附件包括支架、防风雨罩、安装固定架和过电压保护等（图2-15）。

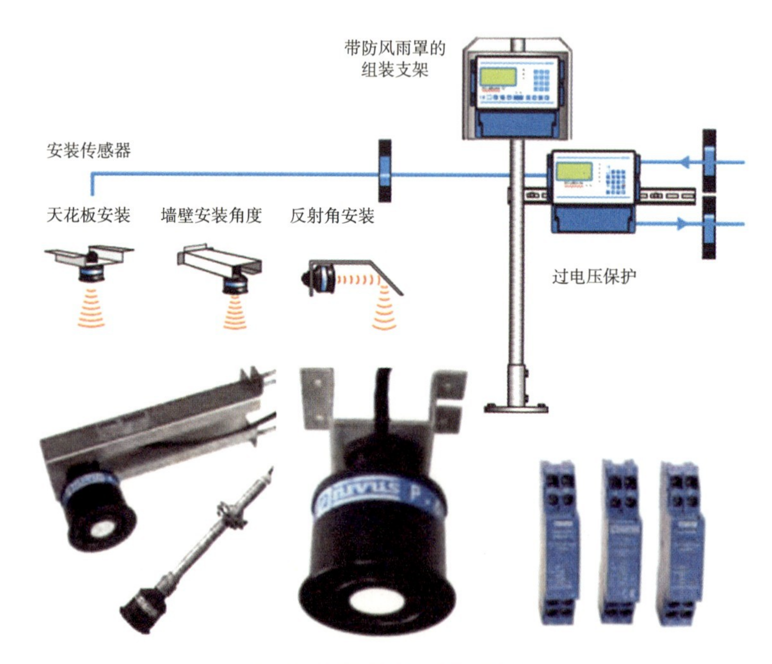

图2-15 超声波液位仪安装附件

2.15.1.3 应用领域

1.液位测量

液位监测仪通过非接触式、免维护的液位和固体颗粒位置控制实现液位测量，具有精度高和操作安全的特性，在工业和市政领域发挥着重要作用。

2.距离测量

液位监测仪可以测量非接触式传感器到物体的距离。

3. 体积测量

液位监测仪可以将液位测量转换为体积测量。

4. 液位差测量

使用2个超声波传感器，对高低水位进行液位差测量。

5. 流量测量

液位监测仪可以测量渠道和溢流渠的流量以及测量雨水池、调蓄池等构筑物的溢流流量。

2.15.1.4 产品特点

1. 测量类型多

可以测量液位、距离、体积、液位差和流量。

2. 适用范围广

可以在潮湿、恶劣环境和温度剧烈波动中使用，以及在洪水情况下报警输出。

3. 操作简单

通过智能泵管理节能泵，使用PC（personal computer，个人电脑）软件可以实现回声分析和参数设置，使用背光图形显示在对话模式下轻松操作。

2.15.2 格栅

格栅处理设施作为污水处理厂处理工艺的第一道预处理工序，主要用于去除污水中较大的悬浮物，以减轻后续处理单元的运行压力。内进流非金属孔板格栅作为格栅处理技术中的新兴技术，已在多地的溢流污水处理、污水处理厂提标扩能等项目中得到应用，并取得良好的经济效益和环境效益。

2.15.2.1 原理

内进流非金属孔板格栅是一种对栅渣进行定向粒径拦截与过滤的污水预处理设备。以孔板细格栅、超细格栅为核心，通过与粗格栅、中格栅的合理配置，优化整个预处理的过滤过程，实现去除95%以上的毛发和纤维物质。

2.15.2.2 工艺流程

内进流非金属孔板格栅工艺流程如图2-16所示。

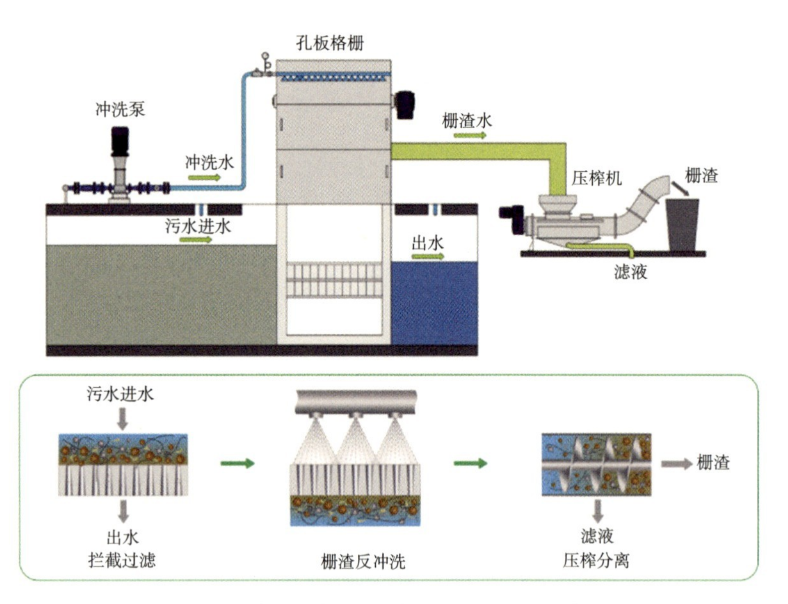

图2-16 内进流非金属孔板格栅工艺流程示意图

1. 栅渣拦截和污水过滤流程

采用中间进水，两侧出水的“二维过滤”方式，污水进入孔板格栅内部，流动方向改变，流速降低，通过非金属厚壁圆锥形孔的拦截，毛发纤维物被拦截和附着在孔板的内侧，污水从孔板排出进入后续工艺。

2. 栅渣反冲洗流程

被拦截下的毛发纤维物随着孔板旋转到设备上方，反冲洗装置采用中压冲洗水自动对孔板进行冲洗，孔板上毛发纤维物脱落，与冲洗水共同进入收渣槽，孔板实现自清洁。

3. 栅渣压榨分离流程

含有毛发纤维物的栅渣水通过输送槽传送到压榨机，实现过滤分离和脱水，栅渣进入渣箱，滤液进入前端处理工艺。

2.15.2.3 系统组成

内进流非金属孔板格栅由拦截过滤系统、反冲洗系统、压榨分离系统组成（图2-17）。

2.15.2.4 应用领域

（1）市政污水处理厂提标改造；

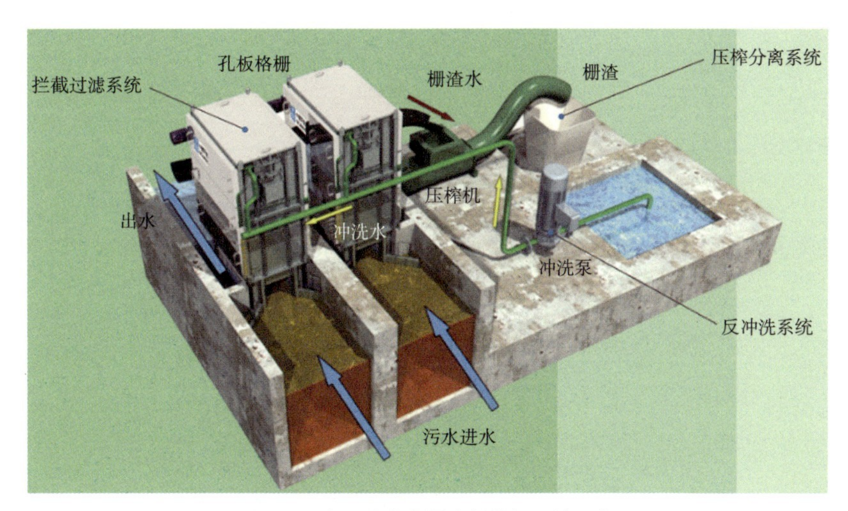

图2-17　内进流非金属孔板格栅系统组成

（2）黑臭水体治理；

（3）自来水厂预处理；

（4）屠宰废水；

（5）印染废水；

（6）造纸废水。

2.15.2.5 产品特点

1.过滤精度高

采用模块化设计，最高过滤精度0.75mm。可满足0.75～6mm系列过滤精度要求，工艺适应性强。

2.捕获率高

捕获率高达95%以上，对毛发纤维物去除效果尤为明显。

3.堵塞率低

孔板疏水性好，堵塞率低；反冲洗系统稳定，喷嘴不易堵塞。

4.抗冲击能力强

能够自适应水量波动、水质变化带来的影响，能够承受格栅内外400mm液位差。

5.自清洁反冲洗

采用自清洁反冲洗装置，可以在格栅和冲洗水正常运行的状态下清洗喷嘴，并可使用栅后水作为反冲洗水源。

6.运行智能化

设备全自动运行，采用物联网技术，运行过程可在手机端实时监测，并实现多终端数据共享，运行维护量低。

2.15.3 一体化水处理净化设备

当前，一体化水处理净化设备在我国污水处理中应用广泛，如泉州市某污水处理厂提标改造、合肥王建沟流域综合整治等建设项目采用的是磁介质混凝沉淀一体化设备，南京市鼓楼区溪北护城河水质提升等工程项目采用的是高效精滤净水装置，武汉黄孝河一期应急处理工程、淮北市城市河道综合整治工程等项目采用的是移动超磁水体净化站。

2.15.3.1 混凝沉淀一体化设备

1.原理

磁介质混凝沉淀技术是通过投加专性磁介质，在絮凝技术的基础上，增加絮体比重，强化絮凝效果，同时结合高效沉淀技术和新一代磁分离回收技术而形成的成套水处理工艺。

2.工艺流程

磁介质混凝沉淀一体化设备工艺流程如图2-18所示。

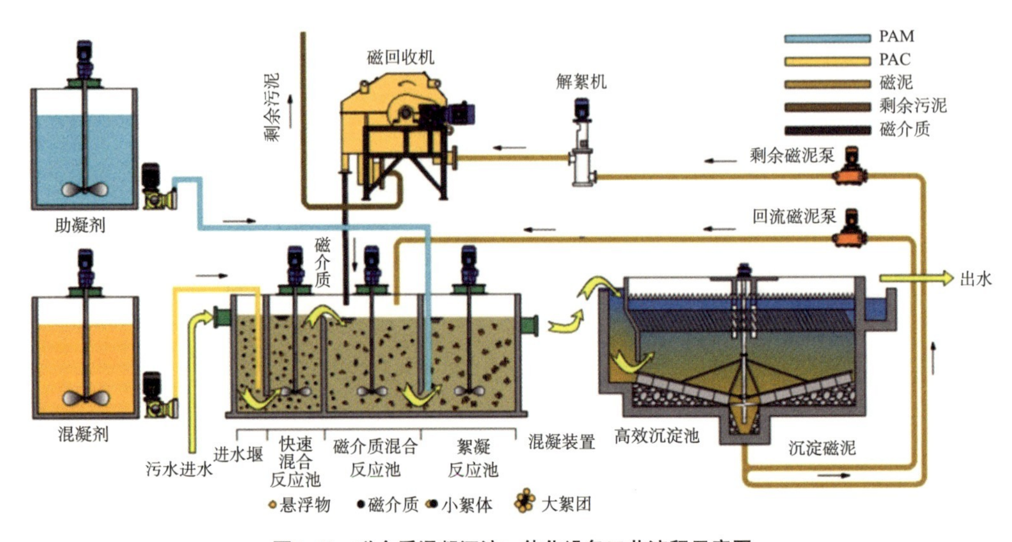

图2-18 磁介质混凝沉淀一体化设备工艺流程示意图

（1）磁混凝流程

待处理水体由泵提升至混凝系统，首先进入快速混合反应池，按一定的比例加入混凝剂，充分混合，接着自流进入磁介质混合反应池，加入磁介质和回流磁泥，经搅拌机匀速搅拌形成小絮体后进入絮凝反应池，再按一定比例加入助凝剂，混合均匀后形成包裹磁介质的密实絮团。

（2）磁沉淀流程

包裹磁介质的密实絮团进入沉淀池，在重力作用下快速沉降至池底污泥区，不易沉淀的微小絮体被斜管捕获，最终高质量清水从沉淀池上部的集水槽溢流汇合排出。底部污泥区部分磁泥通过磁泥泵回流至磁介质混凝反应池，剩余部分则进入磁介质回收系统。

（3）磁回收流程

剩余部分磁泥首先经过解絮机高效分散成磁介质和剩余泥渣，磁介质由磁回收机回收至磁介质混合反应池，进行循环再利用，剩余泥渣则进入污泥脱水处理系统。

3.系统组成

磁介质混凝沉淀工艺的处理单元包括磁混凝、磁沉淀、磁回收、药剂配制投加、污泥脱水等单元，这些处理单元可集成形成撬装一体化设备，实现快捷方便的运输与安装（图2-19）。

图2-19　磁介质混凝沉淀一体化设备实物图

4.应用领域

（1）污水处理厂提标改造

适用于现有污水处理厂提标改造或改扩建工程，高效去除污水中的SS（suspended solid，固体悬浮物）、TP（total phosphorus，总磷）和部分COD（chemical oxygen demand，化学需氧量），出水水质可达到一级A标准。

（2）给水厂前段预处理

可用作给水厂的预处理，有效去除水中SS、TP、藻类、细菌和部分COD等杂质和污染物。

（3）工业废水深度处理

适用于重金属废水、造纸废水、油田废水、印染废水、淀粉废水、食品废水等的深度处理，也可用作工业废水膜处理的前段工艺，延长膜的使用寿命。

（4）流域水环境治理

适用于景观水、湖泊、河道等流域水环境治理，可以去除水中的SS、TP、COD、细菌和藻类等杂质和污染物，除磷效果好，能有效抑制藻类生长。

5.产品特点

（1）处理效果好、出水稳定

SS≤8mg/L，TP≤0.1mg/L，浊度≤1NTU，达到地表水准Ⅳ类标准；表面负荷可达20～50m^3/（m^2·h），可承受原水SS在2000mg/L的突然变化。

（2）沉淀效率高、水力停留时间短

絮体重力沉降可达50m/h；水力总停留时间小于20min。

（3）占地面积小，构筑、撬装双选择

沉淀池面积比传统沉淀池面积大幅缩减；设备既可以基建安装，也可以形成一体化设备，运输安装快捷方便。

（4）运行成本低，维护费用少

磁介质回收率大于99%，部分污泥回流，磁介质循环使用，节省药剂；工艺操作简单，运行稳定，维护费用少。

2.15.3.2 高效精滤净水装置

1.原理

高效精滤净水装置以优化的微混凝反应器+迷宫式快速反应器+接触过滤工艺技术为核心，有针对性地净化水质，特别是对悬浮物、TP的去除，出水浊度最好可以达到1.0NTU以下，水处理过程对水体无二次污染，设备运行过程不会对周围环境造成影响。

2.工艺流程

工艺流程（图2-20）说明：

（1）原水进入装置前首先加入少量PAC（聚合氯化铝）进行预混凝，管道内

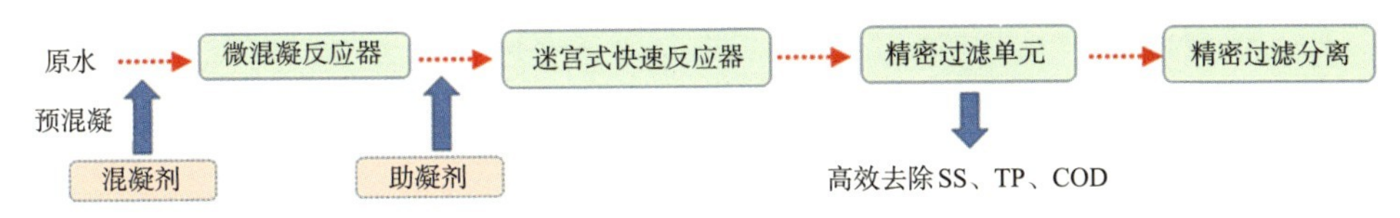

图2-20　工艺流程图

混凝剂迅速分散、水解；

（2）随后进入微混凝装置，装置内填充的悬浮轻质填料在水流作用下不断切割并打散胶体颗粒（提高凝聚效率），PAC水解产物会借助填料的扰流影响与水中胶体不断发生碰撞，使水体中胶体快速脱稳后迅速凝聚形成絮体；

（3）随后进入迷宫式快速反应器，在一个较低的速度内进行3min左右的反应过程，在PAM（聚丙烯酰胺）助凝作用下，絮体经过絮凝并尽快长大以致容易分离，从而去除水中的胶体和杂质；

（4）经过絮凝但未沉淀的胶体杂质等进入精密过滤单元，精滤单元采用多种微粒介质材料作为过滤系统的滤材，利用滤材的机械筛滤作用、沉淀作用和接触絮凝作用，有效截留分离水体中菌藻、有机物、微粒杂质、胶体等，从而达到净化水质的目的。

3.系统组成

高效精滤净水装置主要由微混凝反应器、迷宫式快速反应器、精密过滤单元、机房等组成。

（1）微混凝反应器：微混凝反应器采用下进上出的方式，内填悬浮轻质填料，水流经过微混凝反应器时，悬浮轻质填料会切割并打散胶体颗粒，有效提高凝聚效率，PAC水解产物会借助填料的扰流影响与水中胶体不断发生碰撞，使水体中胶体快速脱稳后迅速凝聚形成絮体。

微混凝反应器之所以可以有效地促进水中微粒的扩散和碰撞，主要表现在以下两方面：

① 在微混凝反应器内填的悬浮轻质填料作用下，形成的水流具有不规则性，流束之间的流速差较大，碰撞概率大大增加；

② 悬浮轻质填料可切割并打散胶体颗粒，增加了微粒的碰撞机会。

（2）迷宫式快速反应器：设置多道挡板，有效降低水流速度，在进行3min左右的反应过程后，絮体的尺度、密实度和抗剪切能力将得到有效提高，在PAM助凝作用下，形成的絮体不断地吸附、脱稳，在水流中不断地凝聚、长大，利于后续进一步分离。

（3）精密过滤单元：精密过滤单元级配多层不同比重、不同粒径的精细多孔滤料，滤料按粒径大小及比重的轻重分层排布，即：上层滤料比重较轻，粒径稍大；往下逐层比重变大，粒径稍小；中间层粒径最小；再往下粒径又开始逐层逐渐变大。滤料排列致密，可进一步过滤前端絮凝完成但未沉淀的胶体杂质，提高出水水质。

4.处理效果（图2-21）

图2-21　设备进出水对比

5.产品特点

（1）综合投资费用只有传统设备的50%～60%；

（2）运行成本低，只有传统设备的10%～20%（含水处理全部费用）；

（3）系统总停留时间短，只有传统设备的10%，总停留时间小于4min；

（4）设备全自动运行、无人值守；

（5）出水水质好，出水浊度最高可小于1.0NTU；

（6）去除效率高，SS去除率最高可达到98%；

（7）一体化设备，安装简单方便，综合成套集成，结构紧凑合理，有集装箱、画舫、假山地埋等多种形式；

（8）设备运行噪声低至50dB；

（9）具备远程显示及控制能力。

6.应用领域

（1）河流

快速净化水体，利于水体自净能力提高，用于水质保持、水质改善、生态补水等。

(2) 湖泊

控制水体富营养化进程、抑制藻类爆发。

(3) 景观水体

提高水体透明度，改善水体观感。

(4) 构建沉水植物的其他水体

快速提高水体透明度，为沉水植物存活创造良好条件。

(5) 微污染水体点源、调蓄池

有机物减量，降低对水体的直接污染冲击。

(6) 作为其他水处理工艺的预处理单元（如人工湿地的预处理）

降低后续单元处理负荷、提高水体生化性等。

2.15.3.3 水体净化站

1. 原理

该设备通过向污水中投加磁种和药剂，使污染物形成包裹磁种的絮团，然后通过超磁分离机进行固液分离，使水体净化，可以有效去除悬浮物、总磷、藻类和部分有机物等污染物。同时采用高效的磁种回收技术，实现磁种的回收和再利用。

2. 工艺流程

移动超磁水体净化站工艺流程如图2-22所示。

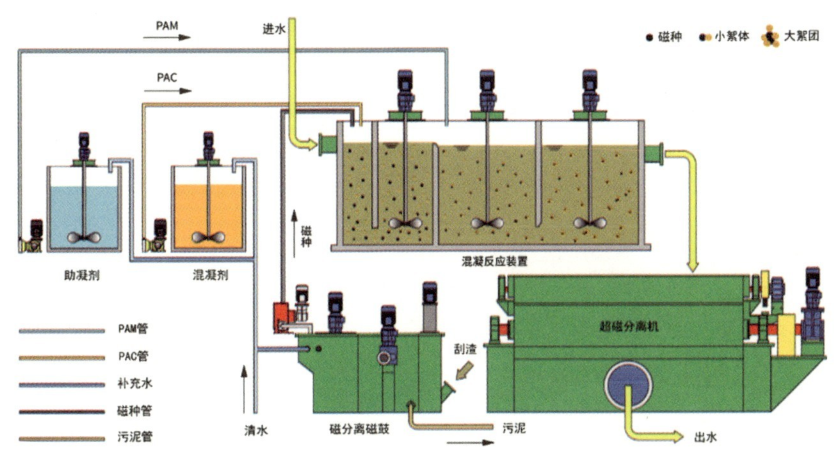

图2-22 移动超磁水体净化站工艺流程图

(1) 药剂投加

混凝系统中所需的混凝剂和助凝剂，通过药剂制备装置配置成一定浓度后，分别通过计量泵定量投加到混凝系统的搅拌箱中。

（2）废水净化流程

经预处理后的废水，与混凝系统中投加的磁种、PAC和PAM三种物质生成以磁种作为“核”的磁性絮团，然后利用超磁分离机的高强磁力实现磁性絮团与水的快速分离。

（3）磁种回收流程

被收集的磁性絮团经高速分散机打散后，再通过磁鼓进行磁种筛选，剩余污泥流至污泥处理系统中。筛选出来的磁种再次配置成一定浓度的溶液，投加至混凝系统中，实现磁种的循环回收利用。

3.系统组成

该系统主要由进水口、混凝反应装置、超磁分离机、磁分离磁鼓、污泥脱水机、出水口、加药装置、电控柜组成（图2-23）。

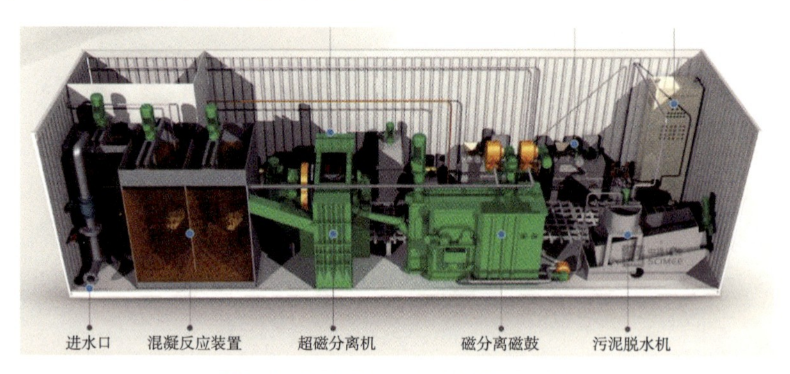

图2-23　移动超磁水体净化站系统组成

4.应用领域

（1）河道湖泊水和景观水治理

可用于湖体水质保持、河道水质改善、生态补水等。通过去除水中的悬浮物质快速净化水体，恢复水体功能，同时可除藻、除磷，防止水体富营养化。

（2）市政水处理

可用于污水处理厂提标改造、污水处理厂溢流污水、排污口直排污水、调蓄池初期雨水、市政管网积水等处理场景，还可以应用于生物滤池和MBR（Membrane Bio-Reactor，膜生物反应器）膜反冲洗水的处理，去除污水中的悬浮物、总磷和其他大部分无机物。

（3）水污染事故应急处理

可实现灾区安置点的应急供水、控制水体事故性污染扩散和分散点源的污染控制等。

（4）工业水处理

可用于煤矿矿井、石材加工废水、钢铁直接冷却水等污染中难沉降悬浮物的去除。

（5）其他污水处理

可用于工地基坑废水、河湖清淤底泥滤液和渗坑废水处理，去除污水中的主要污染物以达到排放要求。

5.产品特点

（1）出水水质好、性能稳定

可实现出水悬浮物浓度低于10mg/L，总磷低于0.05～0.5mg/L。

（2）处理时间短，速度快、处理水量大

磁盘瞬间产生大于重力600多倍的磁力，处理效率高、流程短，总的反应处理时间为4～6min。

（3）运行费用低

采用微磁絮凝技术，投加药量少，且磁种循环利用率高，运行费用低。

（4）排泥浓度高

磁盘直接强磁吸附污泥，连续打捞提升出水面，通过卸渣系统得到的污泥浓度高，可直接进入脱水机处理。

（5）日常维护方便

设备无须反洗，自动化程度高。

2.16 设施设备信息管控

2.16.1 原理

利用物联网、大数据等新一代信息化技术，结合数学模型与地理数据信息，可以组合构建海绵城市设施设备管控平台。通过对海绵城市相关数据的汇总、梳理、分析处理等，能够实现海绵城市基础设施的实时监控与记录，实现相关部门对海绵城市从前期规划建设到后期运行维护的全过程管理。

2.16.2 系统组成

设施设备管控平台由“一网、一库、一系统、一模型”构成。

1.“一网”：物联感知网

对重要沿河排口、合流制溢流排放口、内涝隐患点、关键排水管网、海绵建设项目、低影响开发设施进行实时监测，了解排水设施实时运行情况，及时发现异常变化，提高排水设施安全运行水平，同时，实现对建设过程中的各项指标的科学监测，全面评价海绵城市和排水防涝工程建设成效以及项目建设对城市带来的影响（图2-24）。

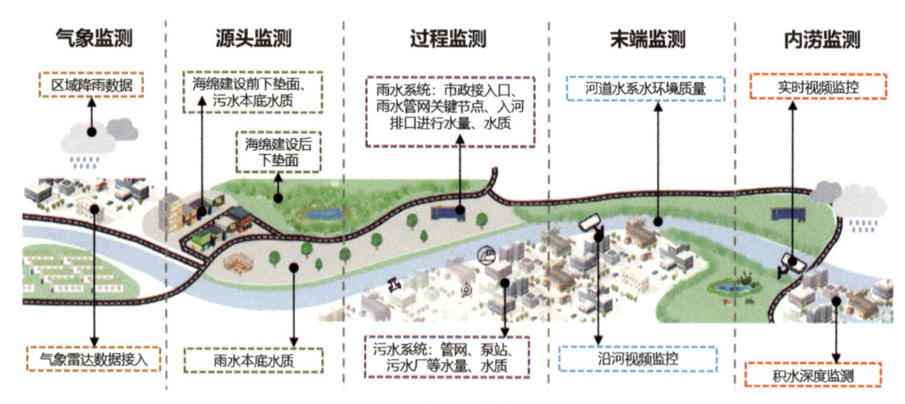

图2-24 物联感知网部署示意图

2.“一库”：智慧水务综合数据库

整合基础地形、海绵城市基础设施、排水管网、雨水口等数据资源，建立海绵城市资产数据库；整合日常管理运营数据、项目管理数据、项目考核数据等业务数据，建立海绵城市业务数据库；整合雨量监测、受纳水体监测、排污口监测等前端物联感知网监测数据，建立海绵城市监测数据库；整合排水设施远程控制信息、设施运行信息和设施调度信息，建立海绵城市调度数据库。统合资产数据库、业务数据库、监测数据库和调度数据库，形成智慧水务综合数据库。

3.“一系统”：智慧管控系统

紧扣海绵城市的建设、运行、管理的实际需求，以“设施可视化、监管科技化、分析智能化”为目标，建设智慧管控系统，实现海绵项目和排水设施一览无余、数据实时动态监测、业务在线高效管理，辅助解决城市内涝、合流制溢流污染等问题，助力海绵城市和防涝工程发挥实效。具体包括以下几个功能：

（1）一张图管理系统

开发一张图管理系统，收集地理信息数据、用地类型数据、海绵建设项目和设施空间位置信息等数据并集成，为其他应用子系统提供地图服务。政府管理部门可查看海绵建设过程数据与实施效果，也可通过地图操作查看具体的某项目的空间布局、建设详情及设施的监测数据（图2-25）。

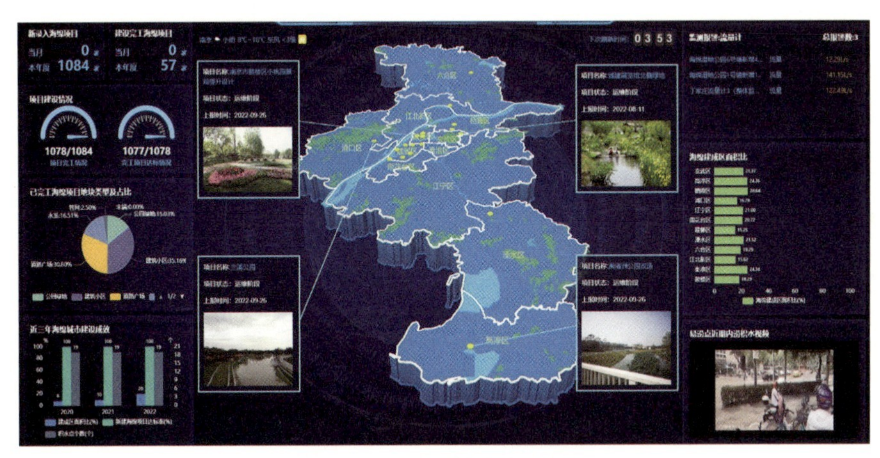

图2-25　一张图管理系统示意图

（2）设施资产管理系统

开发水务设施资产管理系统，收集已有的海绵城市与防洪排涝相关水务设施现状，录入规划建设的水务设施，构建水务设施资产管理系统，实现水务设施全生命周期管控，建立设施档案，为水务设施数据的显示、查询、统计与分析提供平台，也为水务设施的日常运维提供基础数据支撑（图2-26）。

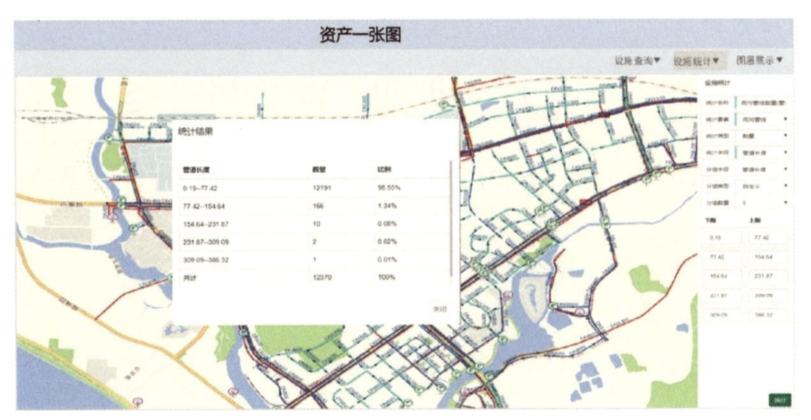

图2-26　设施资产管理系统示意图

（3）在线监测系统

开发在线监测系统采集城市前端水质水量监测数据、设备运行参数数据、动力环境数据等数据，并通过数据实时监控，帮助相关人员准确掌握海绵建设项目和排水系统水力水质状况，同时该系统具备监测数据报警功能，为决策者提供早期的报警信息。通过与排水管网模型的合理整合，不仅可以对模型模拟结果进行科学校验，还可以对管网日常维护、调水、防汛、应急、决策等行为提供技术支持（图2-27）。

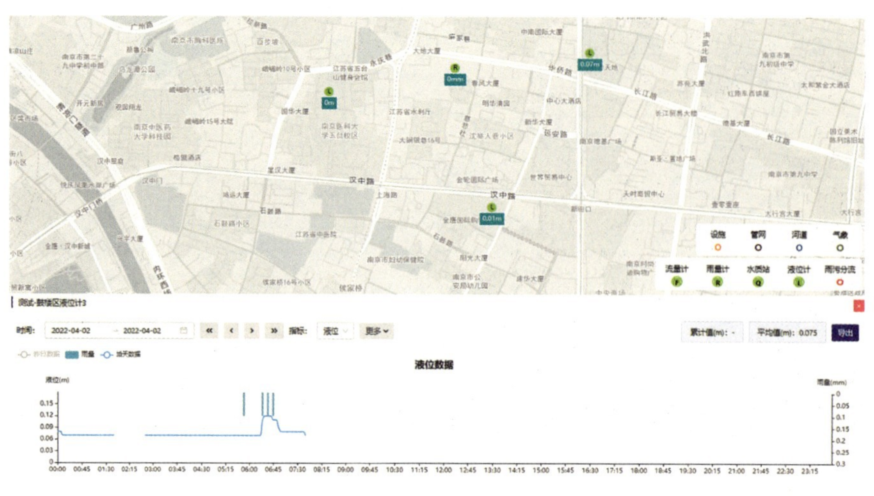

图2-27　在线监测系统示意图

（4）考核评估系统

开发考核评估系统，基于国家层面的考核和建设要求，结合当地对海绵城市建设考核评价的相关要求，集成先进的项目评估方法和算法，根据相关数据进行自动计算，包括设施、项目、排水分区和行政区范围的计算，对当地海绵城市建设和防洪排涝建设项目进行全方位、精细化、自动化的考核评估（图2-28）。

（5）项目全生命周期管理系统

开发项目全生命周期管理系统，收集当地海绵城市建设项目的审批进程、项目属性信息、项目地图空间信息等，对项目整个生命周期进行管理。方便海绵城市建设管理部门对项目进行全过程的跟踪，了解项目的进展情况，及时发现隐蔽工程存在的问题，实现对建设项目的有效评估和监控，提高项目设计和建设质量，保障整体效果（图2-29）。

（6）水务设施联合调度系统

开发水务设施联合调度系统，收集当地雨量站、管网监测点、排口水位监测

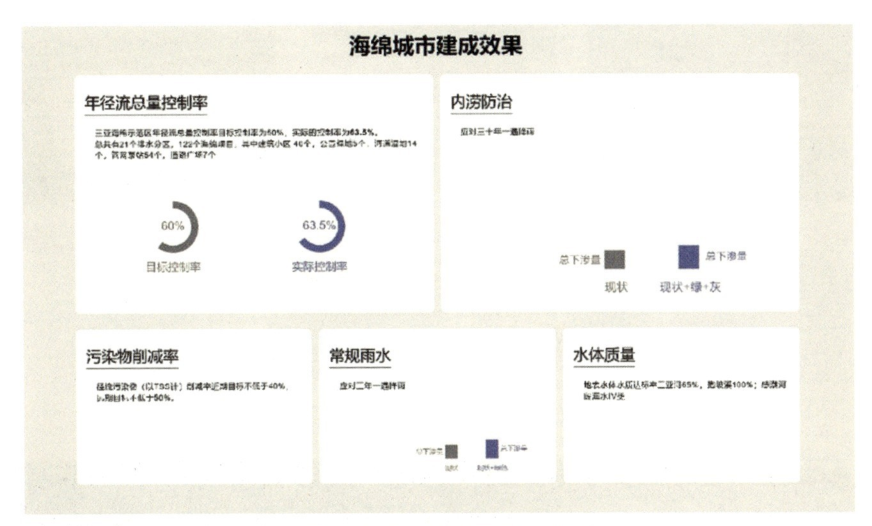

图 2-28　考核评估系统示意图

图 2-29　项目全生命周期管理系统示意图

点、泵站运行实测、调蓄设施监测等实时监测数据，分析总结制定排水管网设施联合调度策略。在汛期来临时，结合对排水管网各设施的实时监测数据，通过自动化远程控制手段，控制泵站和调蓄池启闭，科学化、最大化地发挥排水系统排水能力，有效控制内涝风险和合流制溢流污染（图 2-30）。

（7）水务设施日常运维系统

开发水务设施日常运维系统，收集排水管网设施和海绵设施的养护周期、设施普查调查成果、设施运行状况检测评估成果、设施巡查等信息，生成排水管网设施和海绵设施日常运营维护计划，实现对运营维护计划的编制、派发、执行、反馈、统计分析、调整等环节的信息化闭环管理。提升了排水管网设施和海绵设施的日常管理效率，同时记录管理过程信息，使得管理过程有据可依（图 2-31）。

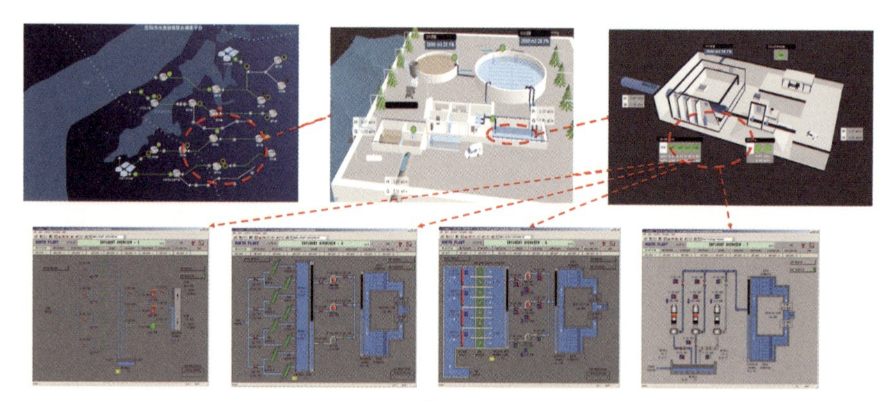

图2-30　水务设施联合调度系统示意图

图2-31　水务设施日常运维系统示意图

（8）内涝预警及应急指挥系统

开发内涝预警及应急指挥系统，收集易涝地段、排水设施、天气预报等资料，为应急防汛工作提供决策依据，并依据区域全局的管网运行数据，合理指挥局部内涝漫水区域的排水应急工作。通过通信部门，将预警信息发送给相关区域的百姓（图2-32）。

（9）海绵工具箱系统

开发海绵城市海绵工具箱系统，收集海绵城市建设项目设施类型和设施参数，形成标准化的海绵标准设施库，保证海绵项目在不同阶段采用统一设施类型和参数，并提供监测法评估、容积法评估等多种海绵城市项目建设效果评估手段（图2-33）。

（10）数据中心系统

开发海绵城市数据中心系统，实现了智慧海绵相关数据的数据集中化管理，

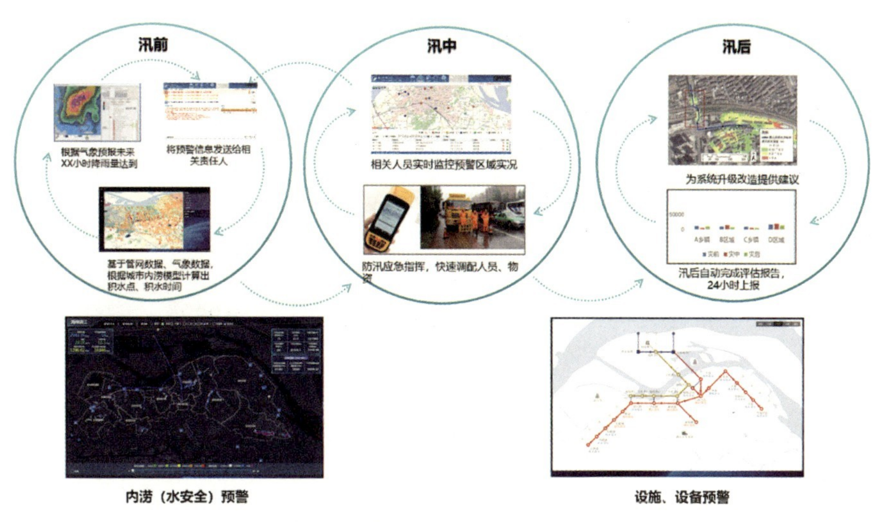

图2-32　内涝预警及应急指挥系统示意图

图2-33　海绵工具箱系统示意图

该系统可进行数据的汇集、管理并提供可视化服务，为海绵城市智慧管控平台的其他系统提供数据支撑（图2-34）。

4.“一模型”：流域排水系统仿真模型

构建流域排水系统仿真模型，对当地排水系统现状和建设过程进行模拟分析，掌握海绵城市建设及运行过程中内涝风险、径流排放、合流制溢流等的变化情况，结合监测数据，为排水系统本底评价、海绵城市与防涝工程绩效考核、监控预警以及运行调度等业务提供依据，根据需求分别设置不同模拟情景并进行模型运算，根据运算结果制定调度策略，发挥排水系统最大效益。排水系统仿真模型包括一维管网模型和二维内涝模型（图2-35）。

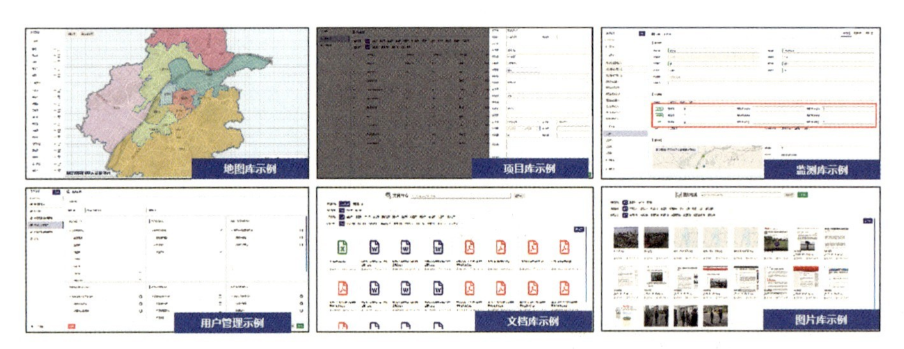

图2-34　数据中心系统示意图

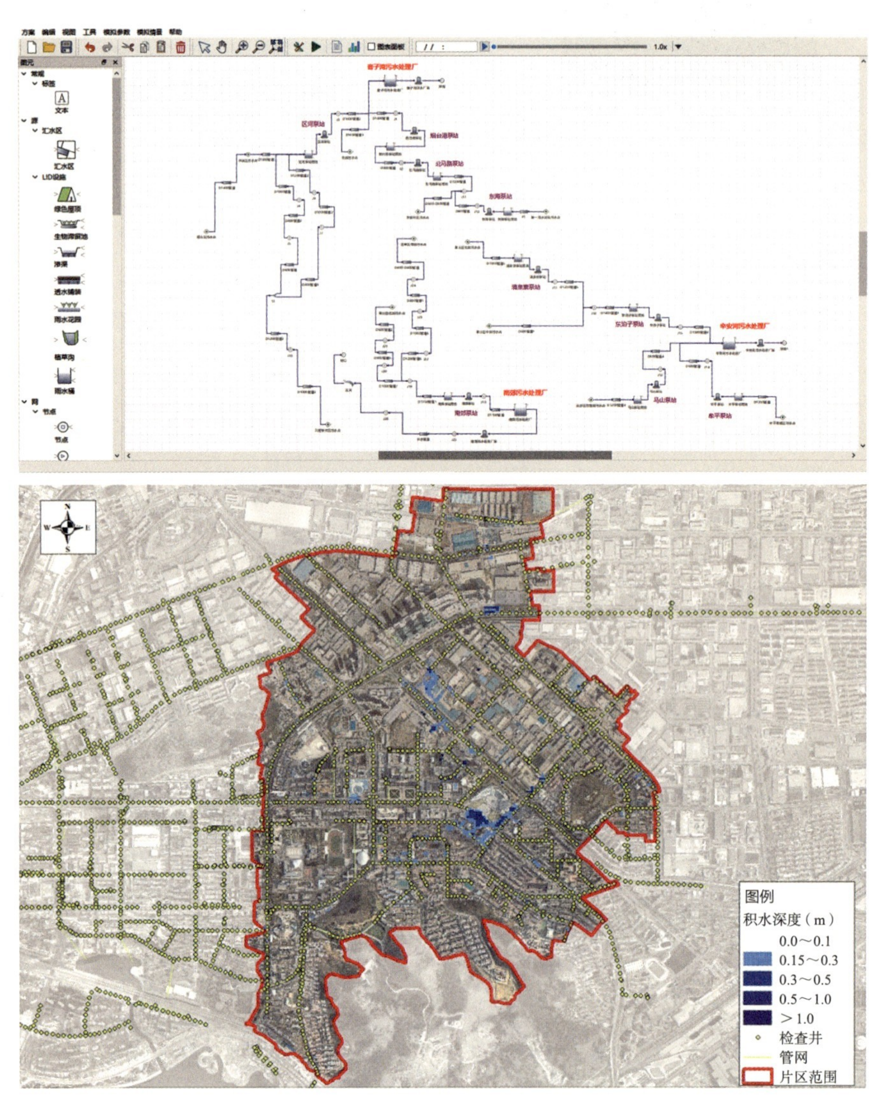

图2-35　流域排水系统仿真模型示意图

2.16.3 产品特点

（1）可视化；

（2）智慧化；

（3）系统化；

（4）模型化。

2.16.4 应用领域

1.排水防涝设施管理

海绵城市智慧管控平台通过可视化途径显示具体项目的空间布局、建设详情及设施的监测数据，通过实时监控，为决策者提供早期的报警信息，同时也为设施的日常运维提供基础数据支撑。

2.河道水系监测模拟

海绵城市智慧管控平台可以构建流域排水系统仿真模型，对项目所在地的排水系统现状和建设过程进行模拟，为城市排水防涝、监控预警提供依据。

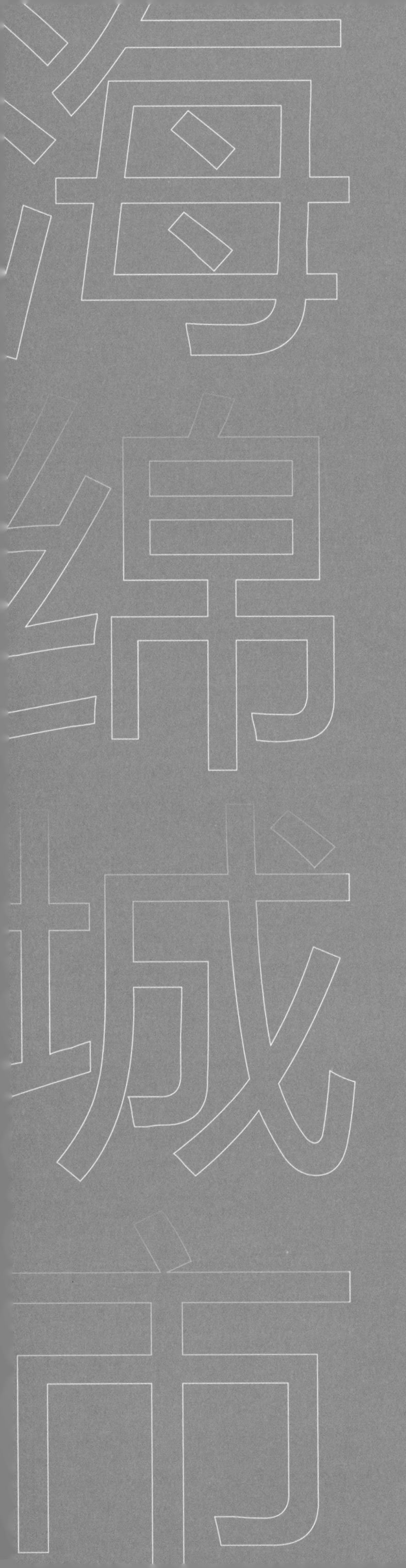

第3章

海绵城市建筑与小区应用案例

- □ 珠海市向阳村海绵城市旧村改造工程
- □ 珠海市中航花园（二期）海绵城市建设工程
- □ 珠海市金湾区东鑫花园海绵化改造工程
- □ 天津市河畔公寓老旧小区海绵化改造工程
- □ 天津市世芳园老旧小区海绵化改造工程
- □ 虹桥机场东片区迎宾二路N1地块办公楼建设工程

建筑与小区海绵城市建设与改造工程，主要作用是提高年径流总量控制率、径流污染控制率，降低区域内涝风险。本书列举了我国不同城市具有代表性的建筑与小区海绵城市项目，包括珠海市向阳村海绵城市旧村改造工程、珠海市中航花园（二期）海绵城市建设工程、珠海市金湾区东鑫花园海绵化改造工程、天津市河畔公寓老旧小区海绵化改造工程、天津市世芳园老旧小区海绵化改造工程、虹桥机场东片区迎宾二路N1地块办公楼建设工程。

3.1 珠海市向阳村海绵城市旧村改造工程

3.1.1 项目概况

3.1.1.1 项目地点

向阳村位于粤澳深度合作区小横琴山西南山脚，中心大道以西，顺景路以北（图3-1、图3-2）。

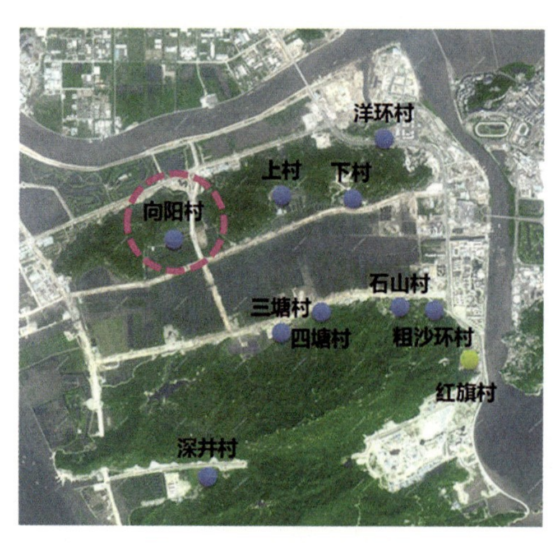

图3-1 向阳村区域位置图

图3-2　设计范围示意图

3.1.1.2 项目规模

项目总用地面积为4.04hm^2。

3.1.2 现状分析

向阳村建村于20世纪50年代前后，村民自发性建房现象普遍，居住区房屋密集、风貌杂乱，市政配套设施落后，水浸事件频发。

3.1.2.1 现状分析

1.场地现状分析

现状场地内硬质地面、硬质庭院及建筑面积总和为3.25hm^2，占比80.3%。绿地面积777m^2，占比仅1.9%。场地综合雨量径流系数为0.85（表3-1）。

下垫面情况明细表　　表3-1

编号	下垫面性质	面积（m^2）	雨量径流系数	比例
1	建筑	13261	0.90	32.8%
2	硬质地面	16897	0.85	41.8%
3	硬质庭院	2312	0.85	5.7%
4	绿地	777	0.15	1.9%
5	水体	7182	1.00	17.8%
6	总计	40429	0.85	100%

注：采用加权平均法计算场地现状综合雨量径流系数，水体不参与计算。

2.竖向分析

向阳村位于横琴新区中心沟片区西北部，坐落于小横琴山山脚。整个村庄建设密度较大，已建成区域最低标高1.06m，村庄内主要道路标高1.5m左右，整个村庄北高南低，平均高程约2.04m。由于村子紧靠山脚，且没有修建截洪沟，存在山洪风险（图3-3）。

图3-3　向阳村现状鸟瞰图（左）及下垫面分析图（右）

3.排水现状

根据现场调研及踏勘，向阳村现状排水体制为雨污合流制，排水方向与地表高程基本一致。管网系统不完善，且基本损坏。建筑屋顶雨水主要通过雨水立管散排或排入原合流管网。建筑间无管网，通过排水沟排水或地面漫流。

目前，已实施截污工程为：①现状污水一部分通过化粪池下渗，一部分通过截污管汇入村子东南侧市政污水管，最终排至1号泵站；②现状雨水大部分通过路面雨水口排入雨污合流管网后排入村子东侧排洪渠（图3-4、图3-5）。

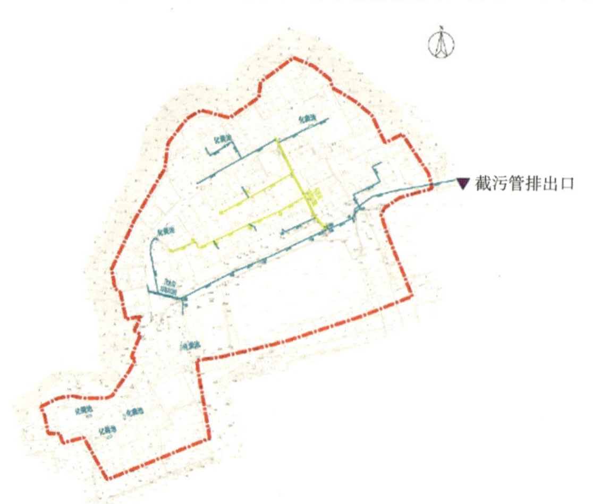

图3-4　向阳村管网测绘图

图3-5 向阳村排水系统现状

4.防洪排涝现状

向阳村排涝泵站容量3.0m^3/s，泵站可自动控制：当水塘水位高于1.0m时自动启动，直至水位降至0.8m。

现状排洪渠内垃圾较多，且明显发臭（图3-6）。

图3-6 向阳村排洪渠现状

3.1.2.2 现状主要问题

1.雨污混接，排水环境差，洪涝风险大

向阳村现状排水体制为雨污合流制，管网系统不完善，且基本损坏。雨污混接造成污水直接排入水体，污染水环境。雨污合流管容量不足，雨天极易导致污水冒出，产生水浸区域，污染规划区及周边环境。

该片区山洪汇流总面积为11.56hm^2，其中6.92hm^{2}的山洪通过自然形成的山沟，进入村西侧现状1.5m×1.2m排洪渠排至外围水体，另外4.64hm^{2}的山洪暂无体系的截洪设施，山洪经简易拦截后进入村庄散排。村内现状路面标高与城乡道路标高不协调，雨季易受山洪威胁。

2.建成区建设密度大，旧村改造空间有限

现状场地内硬质地面、硬质庭院及建筑面积总和为3.25hm^2，占比为80.3%，村庄整体规模较小，但建成区硬化强度大、建筑密度高，村内绿化设施少，导致场地综合雨量径流系数大。旧村改造过程中，海绵城市建设受限、改造难度大。

3.1.3 建设目标

根据《珠海市横琴新区海绵城市试点建设示范区建设专项规划》及相关规范，确定本项目设计目标如下：

（1）年径流总量控制率设计目标为80%；

（2）年径流污染削减率（以SS计）设计目标为60%；

（3）内涝防治重现期为50年一遇；

（4）山洪防治标准为50年一遇。

3.1.4 方案设计

方案说明

1.技术路线

本项目以旧村改造工程为载体，融入海绵城市建设理念，以解决现状问题为导向，旨在改造后达到旧村排水环境改善、片区山洪风险降低、整体景观风貌提升，最终达到居民满意的效果。通过设置LID设施、改造雨水管渠、搭建防洪排涝体系等实现方案目标。本次技术路线如图3-7所示。

2.汇水分区的划分

（1）排水单元

根据场地竖向及雨水管网收集情况，本项目划分为2个排水单元，如表3-2、图3-8所示。

（2）汇水分区

根据场地竖向及雨水管网收集情况，在排水单元的基础上，进一步将场地划分为13个汇水分区，如表3-3、图3-9所示。

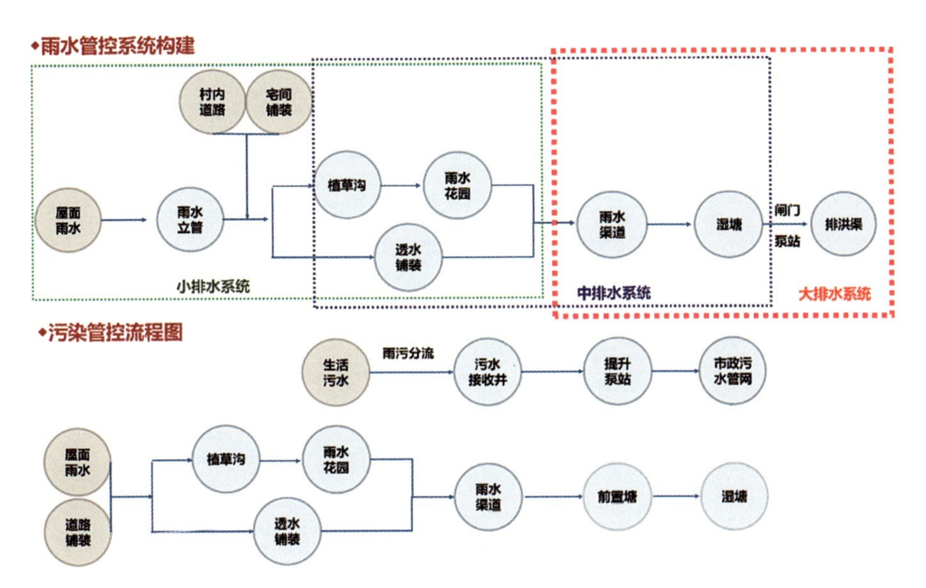

图3-7　技术路线图

排水分区划分一览表　　表3-2

排水分区编号	总面积（m^2）
P1	6941
P2	33488

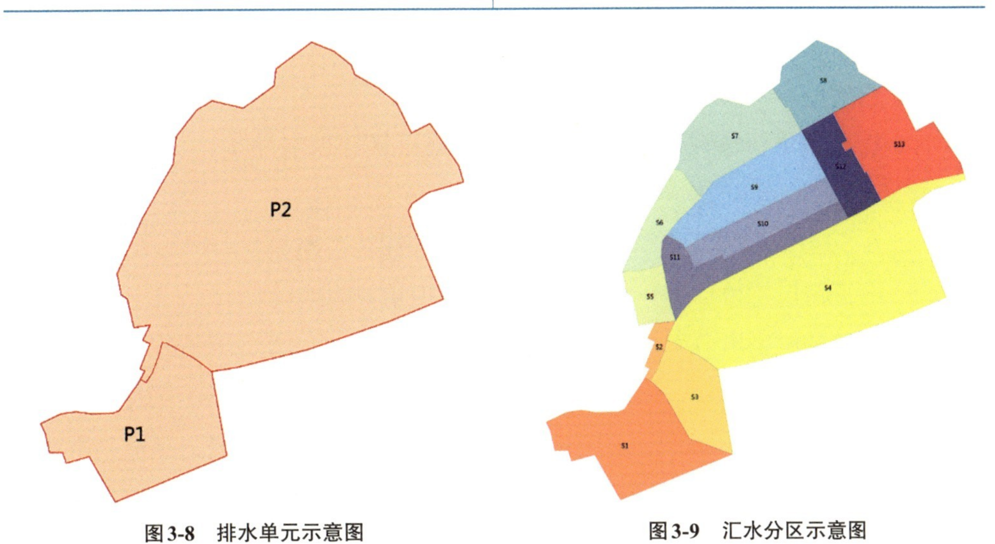

图3-8　排水单元示意图　　图3-9　汇水分区示意图

汇水分区划分一览表　　表3-3

子汇水区编号	总面积（m^2）
S1	4677
S2	372

续表

子汇水区编号	总面积（m^2）
S3	2264
S4	12169
S5	972
S6	1404
S7	3216
S8	2457
S9	3240
S10	1953
S11	2390
S12	1708
S13	3607
合计	40429

3. LID总体方案

根据项目实际情况，因地制宜选择LID技术：

（1）建筑区域基本无绿化，硬质地面采用透水砖铺装，降低场地径流系数的同时，去除部分径流污染；

（2）村居道路采用透水沥青路做法；

（3）场地原有水体改造为湿塘，湿塘周边设置植被缓冲带，减缓径流流速，去除部分TSS（total suspended solid，总悬浮固体）；

（4）在S4分区设置2个雨水花园，收集处理周边汇水；

（5）沿道路设置植草沟，收集传输雨水至雨水花园或湿塘；

（6）现状排洪渠出口水体改造，作为S4分区湿塘的前置塘（图3-10）。

（7）S1分区

①建筑区域基本无绿化，硬质地面采用透水砖铺装，降低场地径流系数的同时，去除部分径流污染；

②村居道路采用透水沥青路做法；

③场地原有水体改造为湿塘，调蓄洪峰；

④湿塘周边设置植被缓冲带，减缓径流流速，去除部分TSS（表3-4、图3-11）。

（8）S2分区

①路边设置8个停车位，停车位采用透水砖铺装做法，降低场地径流系数的

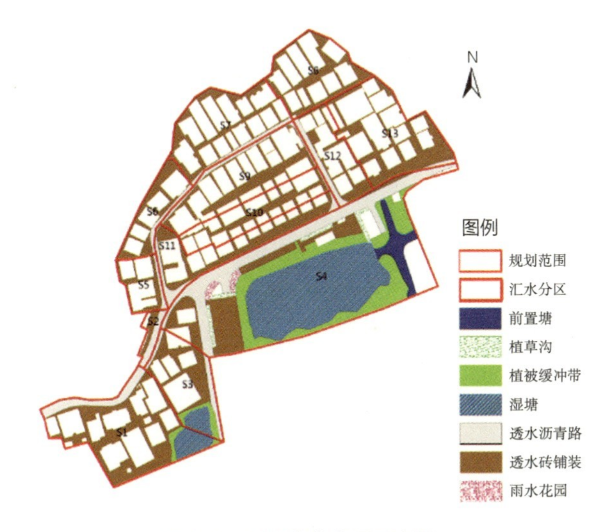

图3-10　LID方案布局示意图

LID设施信息一览表 **表3-4**

子汇水区编号	透水砖铺装面积（m^2）	透水沥青路面积（m^2）	雨水花园面积（m^2）	植草沟面积（m^2）	湿塘面积（m^2）
S1	1769	478	0	0	386

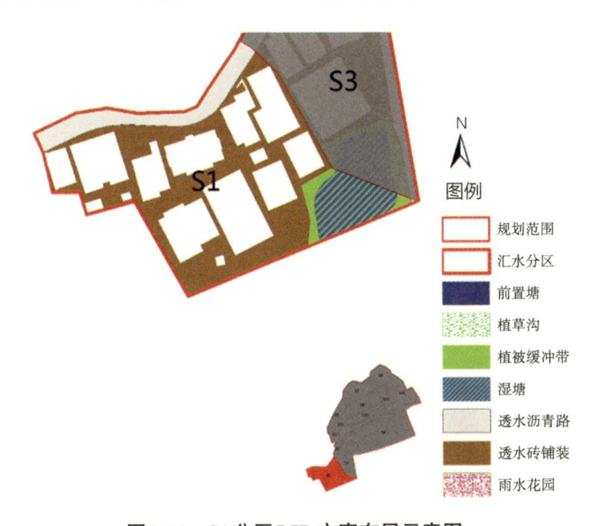

图3-11　S1分区LID方案布局示意图

同时，去除部分径流污染；

②村居道路采用透水沥青路做法（表3-5、图3-12）。

（9）S3分区

①建筑区域基本无绿化，硬质地面采用透水砖铺装做法，降低场地径流系数的同时，去除部分径流污染；

LID设施信息一览表　　表3-5

子汇水区编号	透水砖铺装面积（m^2）	透水沥青路面积（m^2）	雨水花园面积（m^2）	植草沟面积（m^2）	湿塘面积（m^2）
S2	154	192	0	0	0

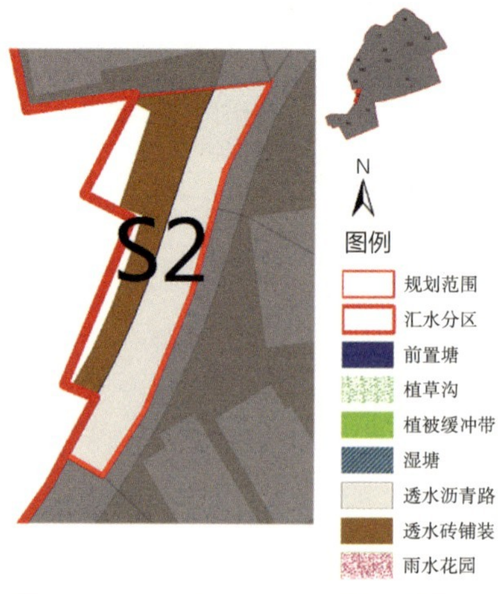

图3-12　S2分区LID方案布局示意图

②村居道路采用透水沥青路做法；

③场地原有水体改造为湿塘，调蓄洪峰；

④湿塘周边设置植被缓冲带，减缓径流流速，去除部分TSS（表3-6、图3-13）。

LID设施信息一览表　　表3-6

子汇水区编号	透水砖铺装面积（m^2）	透水沥青路面积（m^2）	雨水花园面积（m^2）	植草沟面积（m^2）	湿塘面积（m^2）
S3	742	275	0	0	262

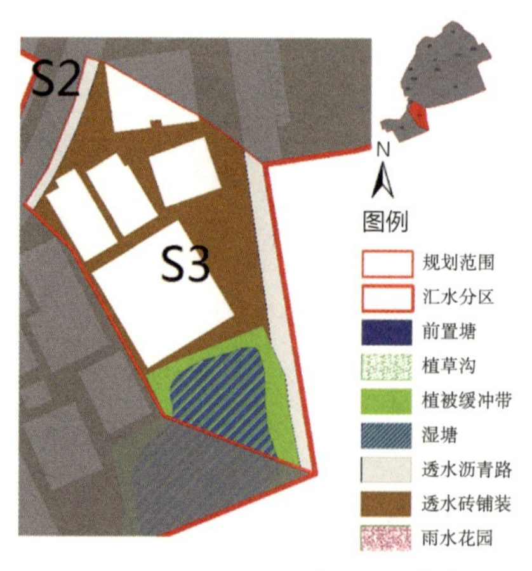

图3-13　S3分区LID方案布局示意图

（10）S4分区

①村居道路采用透水沥青路做法，路边设置16个停车位，停车位采用透水砖铺装；

②场地原有水体改造为湿塘，调蓄洪峰；

③湿塘周边设置植被缓冲带，减缓径流流速，去除部分TSS；

④设置2个雨水花园，净化周边雨水，然后通过植草沟传输，进入湿塘；

⑤沿道路设置植草沟，收集、传输雨水至雨水花园或湿塘；

⑥现状排洪渠出口与湿塘衔接带改造作为湿塘的前置塘，暴雨前启用泵降低湿塘水位（表3-7、图3-14）。

LID设施信息一览表 **表3-7**

子汇水区编号	透水砖铺装面积（m^2）	透水沥青路面积（m^2）	雨水花园面积（m^2）	植草沟面积（m^2）	湿塘面积（m^2）
S4	1742	1999	147	263	4602

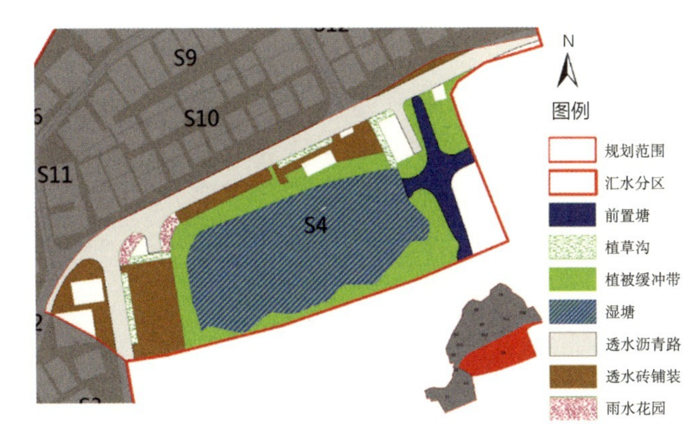

图3-14 S4分区LID方案布局示意图

（11）S5-S13分区

建筑区域基本无绿化，硬质地面采用透水砖铺装做法，在降低场地径流系数的同时，去除部分径流污染物（表3-8、图3-15）。

LID设施信息一览表 **表3-8**

子汇水区编号	透水砖铺装面积（m^2）	透水沥青路面积（m^2）	雨水花园面积（m^2）	植草沟面积（m^2）	湿塘面积（m^2）
S5	297	95	0	0	0
S6	617	133	0	0	0
S7	1073	175	0	0	0

续表

子汇水区编号	透水砖铺装面积（m^2）	透水沥青路面积（m^2）	雨水花园面积（m^2）	植草沟面积（m^2）	湿塘面积（m^2）
S8	1017	9	0	0	0
S9	982	283	0	0	0
S10	630	26	0	0	0
S11	1092	261	0	0	0
S12	514	254	0	0	0
S13	1521	53	0	0	0

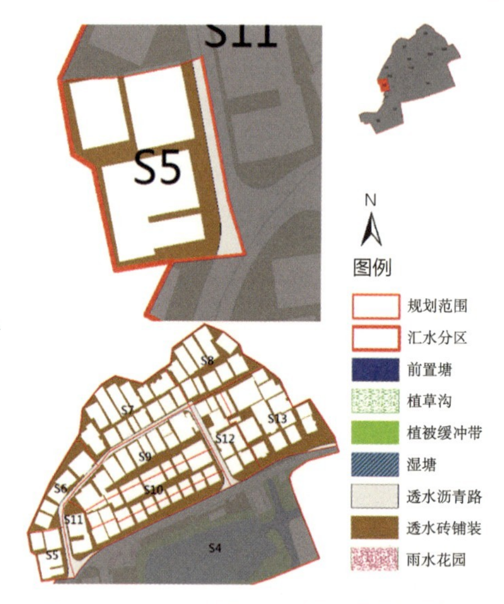

图3-15　S5-S13分区LID方案布局示意图

4.方案设计说明

LID设施中雨水花园及透水砖铺装计算综合雨量径流系数取1，植草沟雨量径流系数取0.15，透水沥青路雨量径流系数取0.3，其中透水砖铺装采用缝隙式结构透水铺装，其他下垫面雨量径流系数参照相关规范选取。

雨水花园的控制体积计算：表面蓄水部分空间体积+换填介质土内部空间体积+底部砾石内部空间体积，换填介质土孔隙率取0.2，底部砾石孔隙率取0.3。

透水砖铺装的控制体积计算：透水砖铺装为缝隙式透水铺装，可计算控制体积。选取本项目目标控制降雨量40.8mm作为控制降雨量，并适当考虑透水铺装对周边区域的控制情况，选取1.2的控制系数。

湿塘的控制体积计算：湿塘南侧设闸门与泵站，常水位与洪水位的高差为有效调蓄深度，取0.7的安全系数。

S1、S3的降雨通过地表漫流和管渠输送，最终进入P1分区湿塘调蓄处理。同理，S2、S4～S13降雨最终由P2分区湿塘调蓄处理。

经计算，本方案年径流总量控制率为97.66%，大于目标值80%，满足要求；SS去除率为71.92%，大于目标值60%，满足要求（表3-9）。

计算结果一览表 **表3-9**

排水单元编号		P1	P2	合计
总面积（m^2）		6941	33488	40429
海绵建设前	屋顶面积（m^2）	2449	10812	13261
	硬质地面面积（m^2）	3264	13633	16897
	庭院硬质面积（m^2）	308	2004	2312
	绿地面积（m^2）	4	773	777
	水体（m^2）	916	6266	7182
LID设施	透水砖铺装面积（m^2）	2511	9639	12150
	透水沥青路面积（m^2）	753	3480	4233
	雨水花园面积（m^2）	0	147	147
	植草沟面积（m^2）	0	263	263
	湿塘面积（m^2）	648	4602	5250
计算综合雨量径流系数		0.86	0.84	0.84
控制体积（m^3）		439.55	2750.09	3189.64
控制雨量（mm）		73.33	97.9	93.55
年径流总量控制率（%）		94.28	98.42	97.66
年径流污染物削减率（%）		66.6	73.08	71.92

5.雨水管渠设计说明

（1）采用雨污分流体制，村庄内部现状排水管作为污水管，另重新构建雨水系统，按照5年一遇的标准进行暴雨重现期标准设计；

（2）雨水采用边沟排水方式，现状屋顶雨水、地面雨水有条件的就近接入新建雨水系统；

（3）巷道新建雨水边沟采用盖板沟方式，新建消防环道上的雨水边沟采用暗渠方式，局部设雨水口收集地面排水，雨水盖板沟根据自然地形布置，雨水盖板边沟接入村庄防洪排涝系统；

（4）巷子3m以上的新建砖砌加盖篦子截水沟，尺寸为$B \times H$：0.30m×0.30m，起点0.3m，坡度按0.003计；主路上的新建钢筋混凝土加盖篦子截水沟，尺寸为

$B \times H$：0.50m×0.55m，起点0.55m，坡度按0.003或按地势坡度设置；

（5）透水砖铺装下设置盲管导流，盲管接入雨水渠（图3-16）。

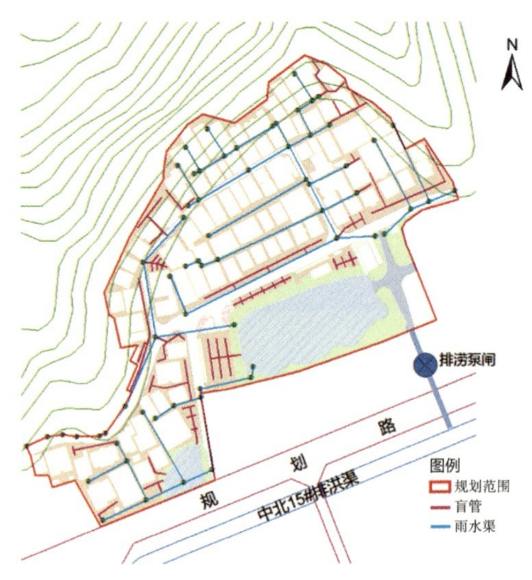

图3-16　雨水管渠设计方案示意图

6.防洪排涝设计说明

（1）设计标准：50年一遇。

（2）山洪说明：

项目的山洪汇流面积共计11.56hm^2，其中6.92hm^{2}的山洪有成形的汇流山沟，为村子现状西侧1.5m×1.2m的排洪渠，山洪经排洪渠外排至外围水体，其余山洪经简易拦截后进入村庄散排。

由于村后山体坡度过大（45°以上）且房屋与山体距离太近，在本项目范围内无法实施截洪沟。依据《横琴新区村庄永久排洪体系规划建设方案》，截洪沟结合山体架护坡实施，建于山体上，分别汇入村子东西侧现状排洪渠中，截洪沟断面1.0m×1.0m～2.0m×1.0m（图3-17）。

（3）防洪排涝方案说明：

①村西侧排洪渠状宽度1.5m×1.2m，村东侧排洪渠现状宽度（2～6）m×1.2m，本项目保留并清淤现状村庄内东、西侧排洪渠，仅用于排除山体洪水。西侧排洪渠中流经的山洪排至村庄外围水体，东侧排洪渠中流经的山洪排入村前湿塘。

②保留村庄现状已建一体式排涝闸泵，当内河水位超过0.8m且外河水位低于内河水位时，开启闸门自排并逐渐增加闸门开度，保证来多少泄多少，使水位

维持在0.8m。上游水位仍不断抬高时，闸门敞泄达到最大泄流能力。当自排水位仍然不断抬高，启动排泵站。当内河水位超过1.0m时，若外河水位高于内河水位时，启用机排泵站排水（图3-18）。

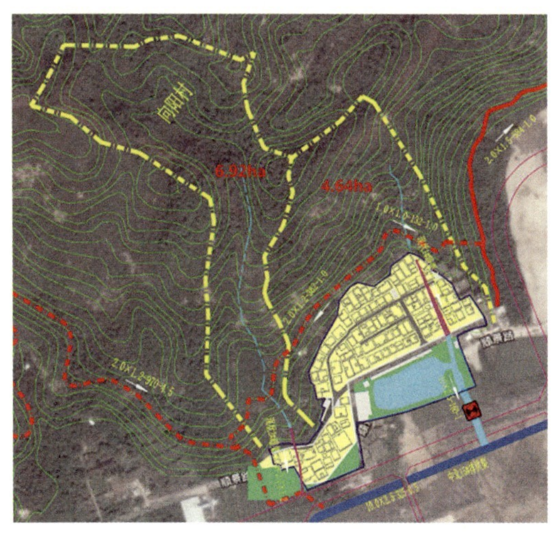

图3-17　汇水分区示意图

现状东侧排洪渠
现状一体式闸泵
现状西侧排洪渠

图3-18　防洪排涝方案示意图

3.1.5 建设效果

3.1.5.1 效益分析

海绵城市建设与环境整治、景观风貌修复相结合，形成生态自然与人文社会融会贯通的场景，为居民提供宜人的生活空间，整体环境的改善满足了居民对休闲空间及其生活环境的需求。

改造前后对向阳村地表水进行水质监测，监测结果如表3-10所示。

向阳村地表水监测结果　　表3-10

检测项目	检出限（mg/L）	检测结果（mg/L）	
		海绵城市建设前	海绵城市建设后
		2018年2月	2018年6月
pH值	0.01	5.78	6.07
溶解氧	0.01	1.81	4.69
化学需氧量	4	15	11
五日生化需氧量	0.5	3.4	2.6
氨氮	0.025	2.31	1.12

续表

检测项目	检出限（mg/L）	检测结果（mg/L）	
		海绵城市建设前	海绵城市建设后
		2018年2月	2018年6月
总磷	0.01	0.52	0.33
总氮	0.05	2.74	1.25
高锰酸钾指数	0.5	17.4	15.2
色度	1倍	4	4
浊度	1 NTU	16	10
总硬度	1.0mg/L	22	18

注：数据由广州和源科技发展有限公司提供。

前后两次水质监测结果显示，工程实施后，向阳村地表水中化学需氧量、总磷、总氮等重要水质指标检测值均有降低，水质环境得到明显改善。

3.1.5.2 建设实景效果

建设实景如图3-19所示。

图3-19　建设效果实景图

3.2

珠海市中航花园(二期)海绵城市建设工程

3.2.1 项目概况

3.2.1.1 项目位置

中航花园位于珠海市金湾区，东起金城路，西至金鑫路，北到依云路，南到山湖海路(图3-20)。

图3-20　中航花园总平面图

3.2.1.2 项目规模

本项目占地约6.09hm^2。

3.2.2 现状分析

2016年，珠海市成功申报国家第二批海绵城市试点建设城市，当时本项目一期已竣工，二期作为规划管控项目，设计过程融入海绵城市生态建设理念，目标是建设高品质居住小区。

3.2.2.1 区位分析

中航花园位于珠海市西部中心城区海绵城市示范区内，上游无客水汇入，防洪压力较小（图3-21）。

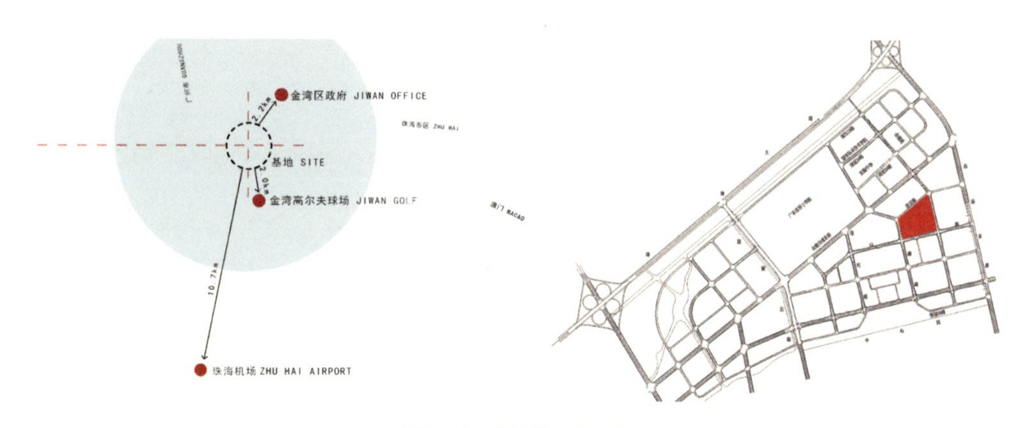

图3-21　中航花园区位图

3.2.2.2 土壤渗透性及地下水位分析

中航花园所处区域为填海造陆区，土质基本为人工填土，其渗透系数小于14.4mm/h，渗透性较差，地下水位埋深0.30～4.30m，填土层分布的孔隙水主要受大气降水补给，地面蒸发排泄，因此地下水位受雨季降水影响较大。

3.2.2.3 现状排水分析

本项目所在区域排水体制采用雨污分流体制，片区周边汇水均进入市政管网后排走，无客水汇入。中航花园二期排水管网尚未动工，根据设计图纸，项目雨水通过5个排口分别接入依云路市政雨水管网（图3-22）。

3.2.2.4 下垫面分析

根据各专业图纸，对场地进行下垫面解析（图3-23、表3-11）。

下垫面雨量径流系数取值自《建筑与小区雨水控制及利用工程技术规范》GB 50400—2016，本案例中各下垫面雨量径流系数取值如表3-12所示。

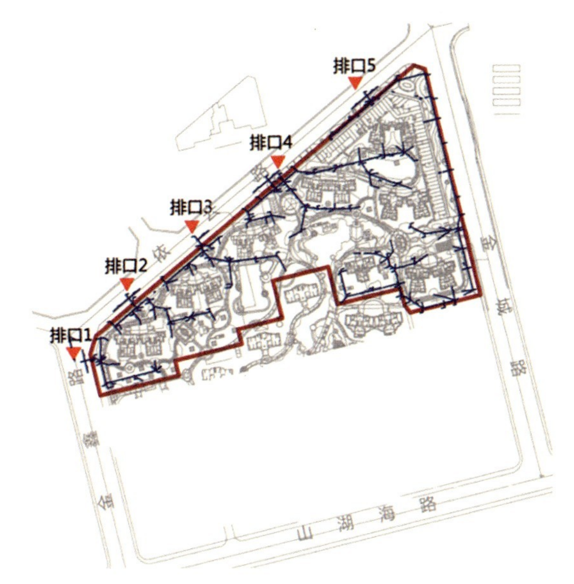

图3-22　设计雨水系统

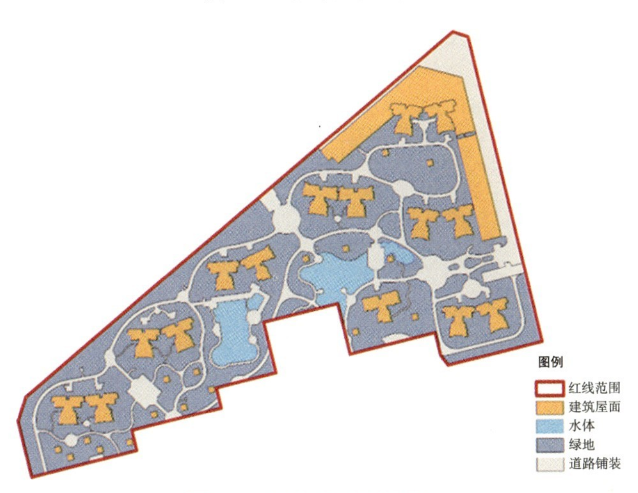

图3-23　场地下垫面解析图

下垫面面积统计　　表3-11

总面积（m^2）	屋顶面积（m^2）	硬质地面面积（m^2）	绿地面积（m^2）	水体（m^2）
60918	10901	14397	32163	3457

下垫面雨量径流系数　　表3-12

下垫面种类	雨量径流系数
绿化屋面（基质层厚度≥300mm）	0.35
硬屋面	0.90
硬化路面及广场	0.85

续表

下垫面种类	雨量径流系数
透水铺装地面	0.40
绿地	0.15
地下室覆土绿地（≥500mm）	0.15

3.2.2.5 地下空间开发

本项目以建筑小区为主，为满足居民停车需要，地下车库基本覆盖整个场地，地下空间开发强度较大。地下构筑物顶板覆土较浅，约为1.2m。

3.2.2.6 分析总结

（1）本项目土壤渗透性较差，因此对需要下渗的区域进行原状土换填处理。

（2）地下空间开发强度大，且覆土较浅，下渗的雨水需在一定时间内排空。

（3）本项目位于示范区，应严格按照规划管控要求进行设计，并与景观相协调。

3.2.3 建设目标

根据《珠海市西部中心城区海绵城市示范区建设专项规划》相关内容，中航花园建设目标如表3-13所示。

中航花园海绵城市规划指标　表3-13

年径流总量控制率	径流污染物削减率	内涝防治标准
75.5%	55.4%	30年一遇

依据已批复的《珠海市城区排水（雨水）防涝综合规划（2013—2020）》，西部中心城区海绵城市示范区内涝防治标准为30年一遇，即产生30年一遇标准及以下暴雨时：①居民住宅和工商业建筑物的底层不进水；②道路中一条车道的积水深度不超过15cm。

3.2.4 方案设计

3.2.4.1 设计降雨

1.体积控制（表3-14、图3-24）

年径流总量控制率对应的设计降雨量　　表3-14

年径流总量控制率	60%	65%	70%	75%	80%	85%
设计降雨量（mm）	21.6	24.7	28.5	34.2	41.5	52.4

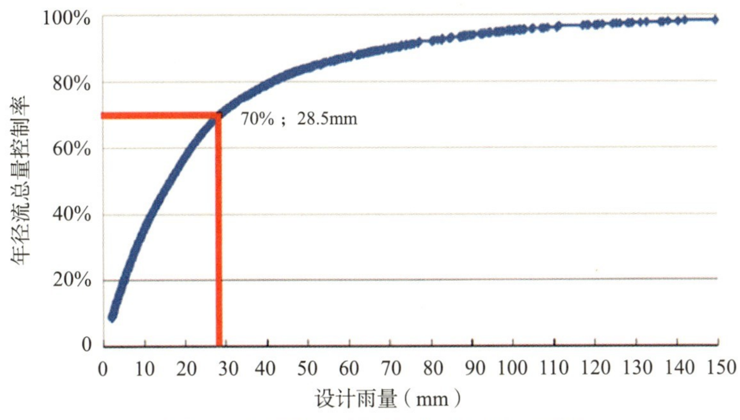

图3-24　不同降雨量对应的年径流总量控制率

2.流量控制

根据厦门降雨站1985—2014年降雨资料确定，厦门地区多年平均降雨量为1388mm。厦门24h设计雨型如图3-25所示。

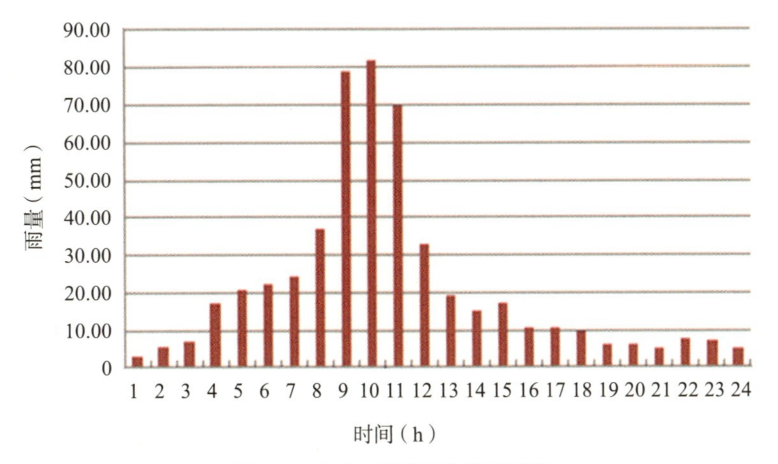

图3-25　30年一遇设计降雨过程图

3.2.4.2 设计方案

1.设计思路

设计根据上述设计指标，结合现状情况及边界条件，按照海绵城市建设理念对中航花园二期进行设计，通过设置植草沟、雨水花园、透水铺装等设施实现指标的落实（图3-26、图3-27）。

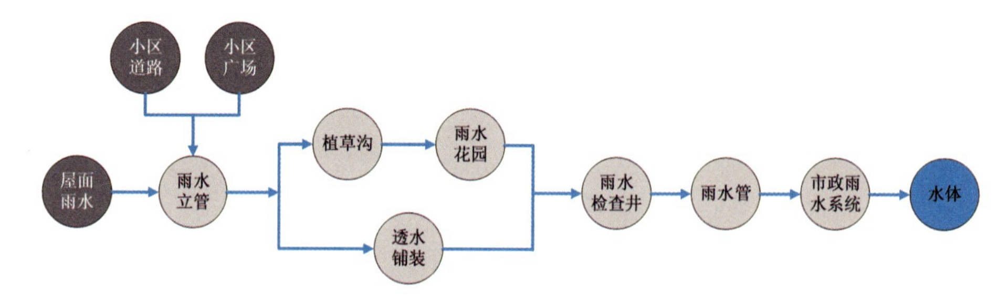

图3-26　雨水排放流程图

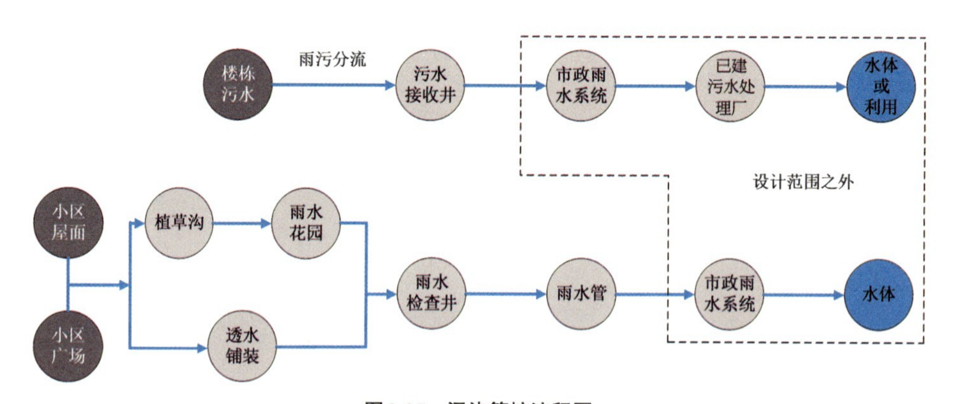

图3-27　污染管控流程图

2.划分汇水分区

根据竖向、管网、地形等条件将本项目划分为40个汇水分区，每个分区下垫面解析如图3-28、表3-15所示。

3.海绵设施布局

建筑小区的海绵设计中需考虑地下空间开发情况、下垫面土壤渗透性、景观布局衔接等因素。根据每个分区计算径流规模，并结合景观微地形在适当位置上设置相应的海绵城市基础设施，使每个分区在内部达到目标与设计的水量平衡。本小区采用的主要措施包括雨水立管断接改造、透水铺装、植草沟、雨水花园等。通过植草沟收集建筑、路面等区域雨水，传输至雨水花园来实现雨水

图3-28　下垫面分解图

汇水分区一览表　　表3-15

子汇水区编号	总面积（m^2）	海绵建设前			
		屋顶面积（m^2）	硬质地面面积（m^2）	绿地面积（m^2）	水体（m^2）
S1	7856	4664	3149	43	0
S2	1615	109	274	1232	0
S3	1975	404	340	1231	0
S4	925	49	509	367	0
S5	1680	396	251	1033	0
S6	1277	0	334	943	0
S7	416	0	132	284	0
S8	3950	0	984	1446	1520
S9	3648	48	728	1201	1671
S10	2530	49	380	2101	0
S11	643	76	114	453	0
S12	2062	501	310	1251	0
S13	1319	0	342	977	0
S14	799	26	252	521	0
S15	322	26	86	210	0
S16	1979	415	396	1168	0
S17	762	48	174	540	0
S18	1892	400	319	1173	0

续表

子汇水区编号	总面积（m^2）	海绵建设前			
		屋顶面积（m^2）	硬质地面面积（m^2）	绿地面积（m^2）	水体（m^2）
S19	1231	0	0	1231	0
S20	1001	0	162	839	0
S21	997	0	189	808	0
S22	1105	232	190	683	0
S23	1353	230	261	862	0
S24	1146	310	163	673	0
S25	1203	25	413	499	266
S26	489	124	104	261	0
S27	1302	193	171	938	0
S28	1829	168	325	1336	0
S29	655	0	353	302	0
S30	948	260	227	461	0
S31	1868	340	211	1317	0
S32	891	0	654	237	0
S33	514	112	120	282	0
S34	922	259	193	470	0
S35	1829	460	282	1087	0
S36	410	0	131	279	0
S37	1378	301	251	826	0
S38	1856	468	338	1050	0
S39	622	0	321	301	0
S40	1717	208	262	1247	0
合计	60918	10901	14397	32163	3457

的滞蓄与净化，在人行铺装及停车位处设置透水铺装，以控制区域内自身雨水径流（图3-29）。

4.各汇水分区的计算及校核

中航花园年径流总量控制率目标为75.5%，对应设计降雨量为34.7mm。

3.2.4.3 片区内涝分析

中航花园位于西部中心城区航空城片区，整体地势平缓，周边市政道路及居

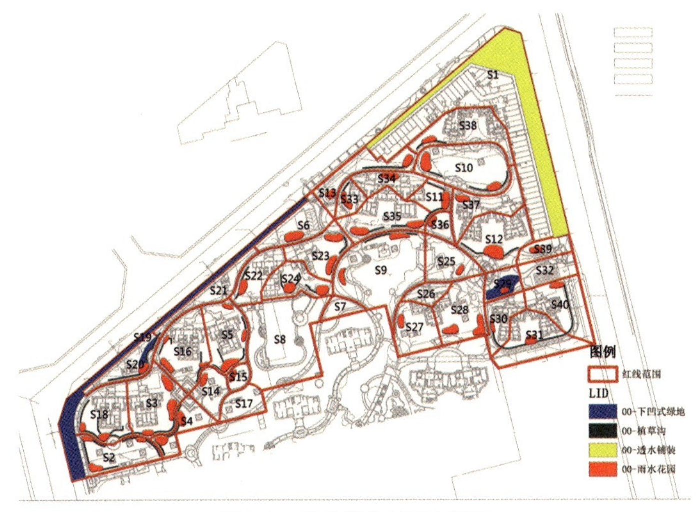

图3-29 海绵设施平面布置图

住区内道路均已建设完成。根据《珠海市西部中心城区海绵城市示范区建设专项规划》中内涝风险评估结果显示，在30年一遇设计降雨下，本居住区内部部分道路出现轻微积水但积水深度均在15cm以下，符合规划标准。片区上游无转输汇水，地块内部雨水径流仅需按照建设前水文条件进行恢复，以降低对下游地块汇水水量和水质的影响（图3-30）。

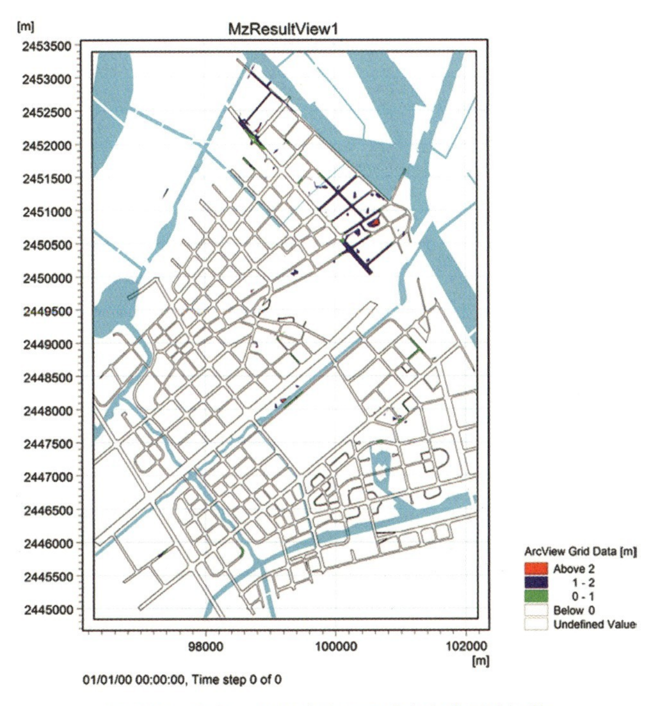

图3-30 30年一遇设计降雨下城市内涝风险评估

3.2.4.4 小区防涝设计

小区道路低点标高为5.50m，最高积水标高（道路高点标高）为5.75m，附近最低建筑正负零标高为6.10m，建筑物一层及以上建筑不易进水。

地下汽车车库和自行车车库入口、坡顶设置雨水连篦及减速带，坡底皆设置连篦，并采取自排、强排设施防止雨水灌入地下建筑内部，地下车库周边地表竖向调高，阻挡客水进入。

小区内地面标高高于周边道路标高1.00m以上，有条件泄流涝水至周边道路，小区内道路相对低点积水可在峰值后通过雨水篦收集排放。

3.2.5 典型设施

综合上述分析研究，最终确定各低影响开发设施的容量、功能和位置。根据改造前场地实际的空间尺寸及地下开发空间情况来综合考虑各类设施下凹的安全性和舒适度，设计出合适的长宽比、深度和形状，也可适当调整位置，将雨水花园等置于视觉焦点处，在部分节点处设置下沉卵石花园及景观步道等，突出其景观价值。

3.2.5.1 雨水立管改造

为了使屋面雨水得到滞留及净化，本项目将雨水立管进行断接。考虑景观及安全因素，在断接排出口下设置鹅卵石下凹带，以缓解屋面雨水对绿地的冲刷，同时引流至生物滞留带，使其得到充分的滞留与净化，多余雨水从设置在生物滞留带里的溢流式雨水口溢流至管网（图3-31）。

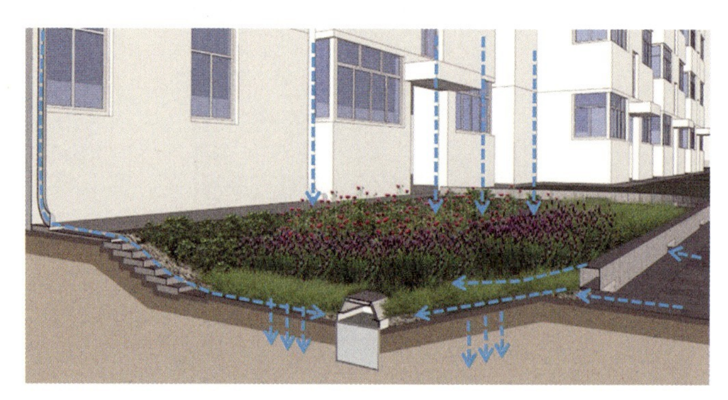

图3-31　雨水立管断接示意图

3.2.5.2 地下开发空间顶板上部改造

小区地下停车场面积比例大，覆土厚度较小，因此各类下凹设施下凹深度均受到一定限制，本项目采用的海绵措施下凹有效水深均不超过0.15m。

由于土壤渗透性差，对所有下凹绿地均进行一定程度的换填，将下凹所在处的地下室顶板上的原状土换填为种植土+级配碎石层（内含排水盲管），地下室顶板上增加防渗膜，降雨时雨水可下渗至碎石层后再通过盲管排走，起到“滞”的削峰作用。盲管排空时间不超过24h。

3.2.5.3 路缘石开口

路缘石水流入口处理：对路缘石进行开口处理，保证路面雨水可进入雨水花园；在开口处设置垃圾拦截挂篮和散置卵石，便于垃圾收集和清理。

3.2.5.4 雨水花园

在建筑物及广场周边设置雨水花园，收集屋面、路面及周边绿地的雨水，使其得到充分地下渗、滞留及净化，多余雨水经溢流口收集通过雨水口连接管排放至雨水管网（图3-32）。

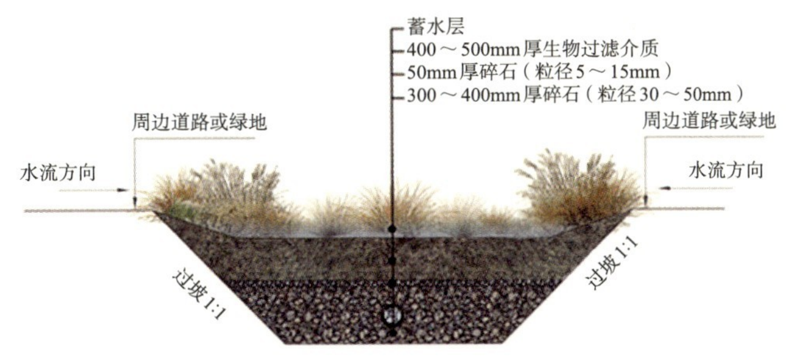

图3-32　雨水花园示意图

3.2.5.5 透水铺装

透水铺装采用透水砖，透水铺装的渗透系数不小于2.0×10^{-2}cm/s，防滑性能不小于60，保水率不小于0.6g/cm^2，耐磨性的磨坑长度不大于35mm（图3-33）。铺装的外观结构、尺寸偏差、力学性能、物理性能应符合《透水路面砖和透水路面板》GB/T 25993—2010、《透水砖路面技术规程》CJJ/T 188—2012、《透水沥青路面技术规程》CJJ/T 190—2012、《透水水泥混凝土路面技术规程》CJJ/T 135—2009的规定。

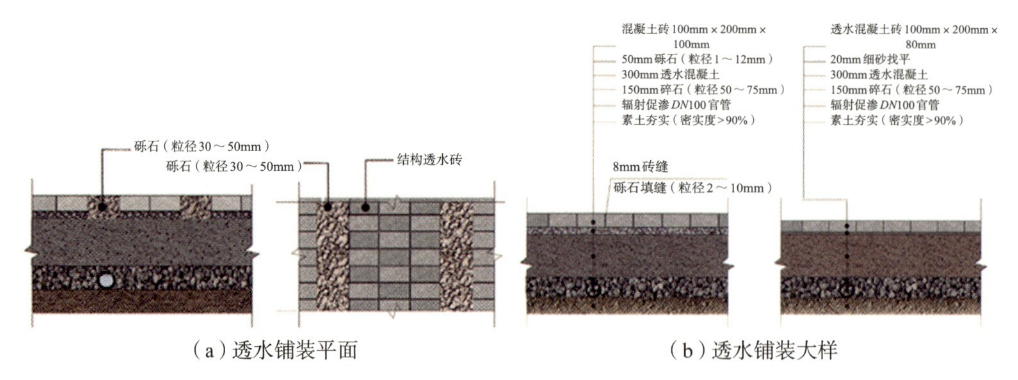

（a）透水铺装平面　（b）透水铺装大样

图3-33　透水铺装示意图

3.2.6 建设效果

3.2.6.1 项目总结

（1）航空城片区作为珠海西部中心城区海绵城市示范区的一部分，主要以规划新建项目为主，本项目作为西部中心城区海绵城市示范区典型的规划管控海绵城市规划管控项目，展示度较高，已完成项目效果良好，因此海绵城市建设具有可推广性。

（2）本片区通过合理的管网组织，将雨水有效地引导进入景观水体，充分发挥末端水体的调蓄功能，使之满足片区规划的目标要求，对同类项目具有较大借鉴作用。

（3）针对地下开发空间强度大、土壤渗透性较差提出了增设排水盲管及土壤换填的措施，为其他类似片区开发提供一定参考。

3.2.6.2 环境效益分析

通过海绵城市建设实践，实现雨水的自然积存、自然渗透、自然净化和可持续水循环，提高水生态系统的自然修复能力，维护城市良好的生态功能。

3.2.6.3 建设实景效果

雨落管、雨水花园、水体净化实景见图3-34～图3-36。

图 3-34　雨落管断接实景图

图 3-35　雨水花园实景图

图 3-36　水体净化实景图

3.3 珠海市金湾区东鑫花园海绵化改造工程

3.3.1 项目概况

3.3.1.1 项目地点

项目场地位于广东省珠海市西部中心城海绵城市试点区1号主排河汇水分区(II-4)。广安路以西，骐安路以南，东邻御景城，南接金湾区人民法院(图3-37)。

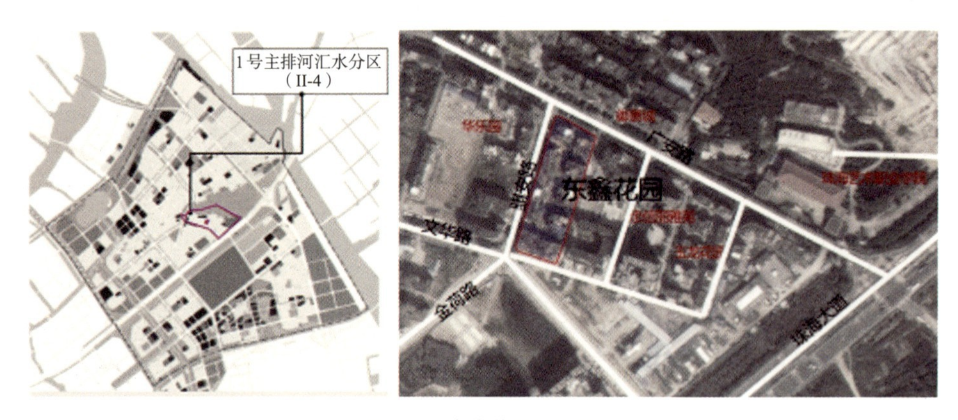

图3-37　东鑫花园区位图

3.3.1.2 项目规模

本项目占地8739.64m^2。

3.3.2 现状分析

(1)小区内部道路为人车合流，无专用停车位，大多数车辆随意停放于道路边上(图3-38)；

图3-38　小区停车现状

（2）现状绿化匮乏，小区绿地基本上属于废弃状态，污水溢流进绿地中，严重影响小区居民的视觉感受（图3-39）；

图3-39　小区绿化现状

（3）小区场地沉降大，现状雨污管道堵塞严重，内部内涝情况较为严重（图3-40）。

图3-40 小区沉降、内涝严重

3.3.3 建设目标

(1)东鑫花园年径流总量控制率达到70%，即28.5mm降雨不直接外排；

(2)SS削减率达到50%；

(3)结合海绵城市改造，提升项目排水能力，达到3年一遇排水标准；

(4)解决现状小区沉降及积水问题；

(5)通过海绵城市改造，改善小区环境，提升景观效果。

3.3.4 方案设计

3.3.4.1 设计原则

(1)充分利用现有排水设施和现状条件，力求系统设计、经济合理、节约投资，运行管理方便；

(2)积极采用节能工艺和技术，降低处理成本，简化维护管理；

(3)管道力求在便于施工、安装和维修的前提下，合理布局，节省用地，节约投资；

(4)合理解决近、远期结合的问题，使其具有长远性、超前性，同时又具有可操作性。

3.3.4.2 海绵城市改造技术设施工艺组合

(1)建筑屋面雨水：在屋面雨水海绵化设计实施中，运用了绿色屋顶、自排污型调蓄雨水花箱、雨水花园、植草沟4种技术设施的2种工艺组合方式。

①工艺路线A采用雨落管(含新增)+植草沟+雨水花园，即：屋面雨水通过雨落管排至植草沟，经植草沟导流排至雨水花园，花园内控制消纳设计降雨量

内的雨水，超出设计降雨量内的雨水溢流出水接入雨水井；

②工艺路线B采用雨落管（含新增）+自排污型调蓄雨水花箱，即：屋面雨水通过雨落管断接至自排污型调蓄雨水花箱，花箱存储雨水在24h内延时匀速排入雨水管网，箱内沉积污染物随残余水排入污水管网。超出设计降雨量的雨水溢流出水接入雨水井。

（2）路面、铺装及停车位雨水：在小区道路路面、铺装及停车位雨水的海绵化设计实施中，选择了透水铺装、环保雨水口、调蓄管、调蓄沟、多孔过滤系统、植草沟及雨水花园7种技术设施的3种工艺系统组合方式。

①工艺路线A采用路缘石开口+卵石缓冲带+雨水花园，即：小区铺装雨水通过路缘石开口由卵石缓冲带引至雨水花园内控制消纳设计降雨量内的雨水，超标雨水溢流出水接入雨水井；

②工艺路线B采用环保雨水口+调蓄管+多孔过滤系统，即：小区道路、铺装、停车位雨水通过环保雨水口进入调蓄管，存储雨水通过无动力缓释器在24h内延时匀速排入雨水管网，管内沉积污染物随残余水通过自动排污装置排入污水管网，多余雨水通过出水管排入多孔过滤系统，超设计降雨量雨水溢流出水接入雨水井；

③工艺路线C采用调蓄净化沟，即：道路、停车位雨水以径流形式通过雨水箅子进入调蓄净化沟管，存储雨水通过无动力缓释器在24h内延时匀速排入雨水管网，沟内沉积污染物随残余水通过自动排污装置排入污水管网，超设计降雨量雨水溢流出水接入雨水井。

3.3.4.3 海绵城市总体布局

东鑫花园海绵城市设计内容主要有屋面雨水断接、雨水花园、调蓄雨水花箱、透水铺装改造、透水混凝土停车位等设施，海绵城市设施布局主要考虑以下原则：

（1）建筑为雨污合流，需对雨落管做雨污分流改造；

（2）建筑雨落管断接，雨水经植草沟排入雨水花园或直接进入调蓄雨水花箱；

（3）建筑雨落管旁边无绿地时，雨水通过排水边沟收集，再排入雨水花园；

（4）结合竖向高程，将道路、广场雨水通过开孔侧石、植草沟引入雨水花园；

（5）将现有的破损嵌草砖或人行道砖停车位改造为透水混凝土停车位，破损严重路面改造为透水混凝土路面。

设施平面总体布局如图3-41所示。

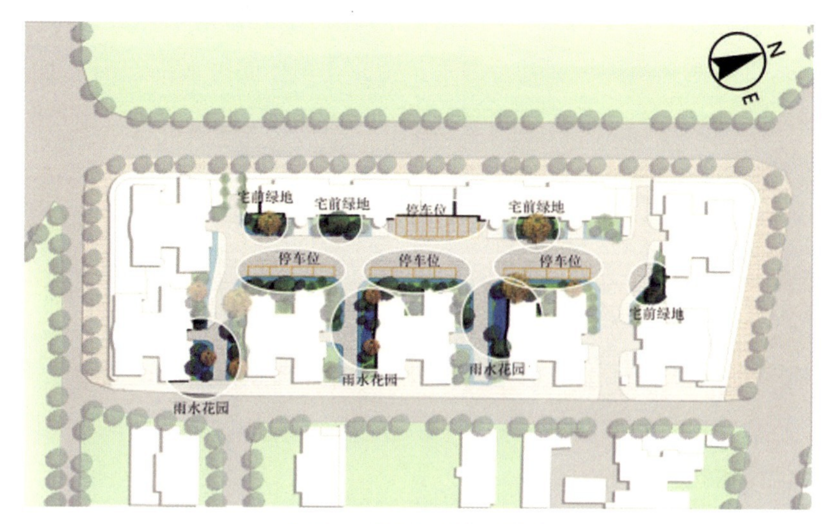

图3-41　东鑫花园总平面图

3.3.5 典型设施

停车位及车行道采用透水混凝土铺装，既满足行车需求，又能快速消纳路面雨水，达到小雨不湿鞋的效果，雨后最短时间内可以实现居民畅通慢行（图3-42）。

图3-42　透水混凝土铺装

局部结合绿化及景观布置植草沟、雨水花园，起到屋面和路面雨水的收集、净化、滞蓄作用，能够有效消纳周边降雨径流（图3-43）。

图 3-43　道路两侧雨植草沟、水花园

无绿化空间的位置时，设置调蓄雨水花箱，收集净化屋面雨水（图 3-44）。

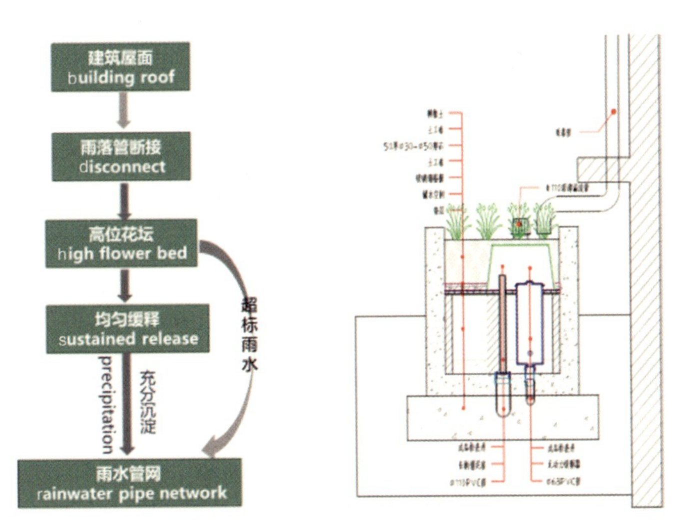

图 3-44　调蓄雨水花箱雨水处理流程图

3.3.6 结语

本项目以问题为导向，采用“海绵+”的思路，在统筹解决污水管网不完善、雨污水管网混错接、小区内涝的问题基础上，系统性地解决居住设施不完善、公共空间不足等问题（图 3-45）。

图3-45 东鑫花园改造前后

3.4

天津市河畔公寓老旧小区海绵化改造工程

3.4.1 项目概况

3.4.1.1 项目地点

河畔公寓位于天津市河西区大沽南路1009号，小区地理位置与整体俯视图如图3-46所示。

3.4.1.2 项目规模

本项目占地约5400m^2。

图3-46　河畔公寓位置俯视图

3.4.2 现状分析

小区建设于2002年，主要建筑为2栋6层的居民楼。小区内道路主要为铺装路面，平整度总体尚好，存在局部小面积凹陷。小区内大部分绿地面积较小，局部用地被废弃物占据，存在裸露现象，绿地标高高于道路。小区雨水接入昆仑路辅路现状DN500～DN600雨水管道，最终进入大沽南路雨水泵站，部分收水井破损或被堵塞。由于昆仑路辅路翻修后垫高，道路标高高于小区道路，导致雨量较大时发生道路雨水倒灌进入小区的现象，小区主干道积水情况较为严重（图3-47）。

图3-47　河畔公寓改造前后概况图

改造前河畔公寓下垫面情况如表3-16所示。

河畔公寓现状下垫面分析　　表3-16

序号	下垫面种类	面积（m^2）	面积比例（%）	径流系数
1	屋面	2424	44.85	0.85
2	绿地	880	16.28	0.15
3	土路面	395	7.31	0.30
4	道路铺装	1706	31.56	0.55
5	合计	5405	100	0.60

由于小区现状绿地高于标高，所以雨水调蓄容积为0，按照各个下垫面的经验径流系数加权计算，小区现状径流系数为0.60。

3.4.3 建设目标

通过增加海绵设施，改造原有小区雨水管网，降低小区雨水综合径流系数，达到“小雨不积水”的同时，缓解大雨内涝积水情况，改善居民居住环境。

3.4.4 方案设计

①将现状道路铺装进行改造，其中距离建筑物1m外采用透水铺装，透水铺装面积增加到1557m^2；②将小区中部和北侧围墙附近绿地改造为下凹式绿地；③将小区南侧现状甬道改造为间隔性铺砖便道，并在人行道旁增设3m宽下凹式绿地；④在每栋楼前面的雨水立管下方设置雨水桶，楼后雨水立管下设置生物滞留设施，增加小区雨水调蓄能力，并对收集后的雨水进行资源化利用；⑤由于现状雨水管道铺设时间不长，未进行改造，仅清通雨水口和管道，并将普通雨水口改造为截污型雨水口；⑥小区北侧昆仑路辅路高于小区，雨水无法通过地表径流排入市政管道，大雨时雨水倒灌进入小区，这也是造成小区内涝原因之一。改造方案在小区门口增设挡水坎，可以阻挡一定积水深度的路面雨水进入。但在现场调查时发现，挡水坎局部有缺口，大雨时北侧昆仑路的雨水从缺口流入，成为改造后小区门口积水的主要原因；⑦重新组织小区地表径流，小区北侧地势较高的区域产生的地表径流有组织地排入小区南侧下凹式绿地内，减轻小区其他区域内涝风险。

河畔公寓改造内容及地表径流组织如图3-48、图3-49所示。

由于小区周边昆仑路辅路标高高于小区，小区内雨水无法通过地表径流排入市政管道。为了防止雨水倒灌而造成的内涝积水等现象，本项目将南侧绿地标高降低，进行下凹处理，雨水通过地表径流有组织地排入小区南侧绿地内，解决了小区内部道路积水导致居民出行难的问题。

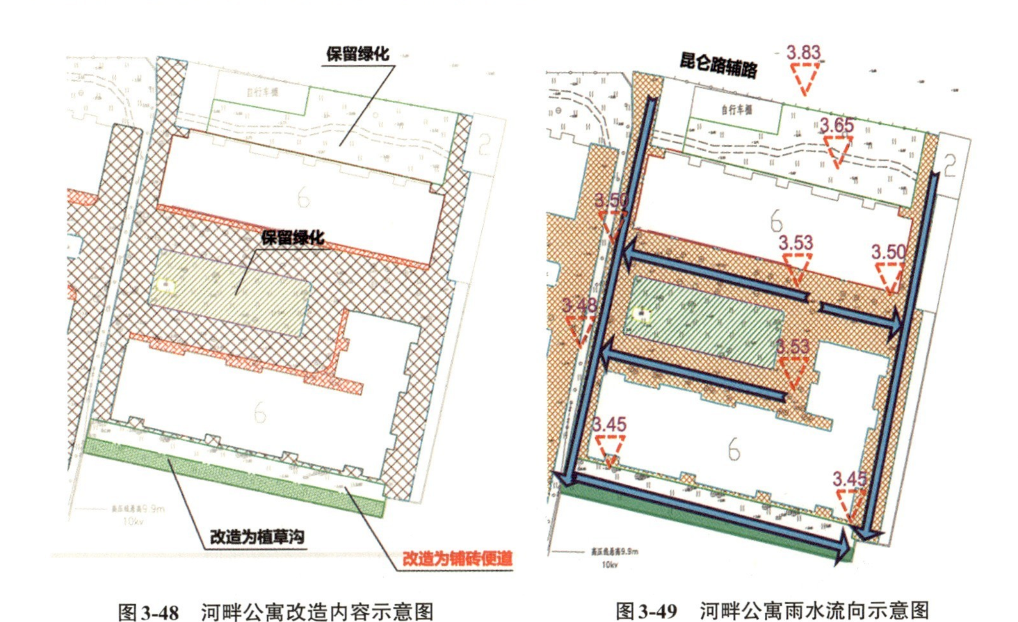

图3-48　河畔公寓改造内容示意图

图3-49　河畔公寓雨水流向示意图

3.4.5 典型设施

河畔公寓LID改造于2018年5月完成，改造后下垫面分布情况如表3-17所示。

改造后的河畔公寓将土路面和道路几乎全部改造为透水铺装路面，并且绿地面积由880m²增加到1275m²，占比由改造前的16.28%增加到23.59%，较改

改造后河畔公寓下垫面分析　　表3-17

序号	下垫面种类	面积（m²）	面积比例（%）	径流系数
1	屋面	2424	44.85	0.85
2	绿地	1275	23.59	0.15
3	透水铺装	1557	28.81	0.20
4	硬质铺装	149	2.76	0.85
5	合计	5405	100	0.47

造前增加了7.31个百分点。综合径流系数由改造前的0.60降低到改造后的0.47，降低了21.67%。

小区增加了雨水桶、植草沟等增加调蓄容积的LID设施，具体增加情况如表表3-18所示。

河畔公寓调蓄设施　　表3-18

序号	数量		调蓄容积（m^3）
1	植草沟	181（m^2）	27.2
2	雨水桶	4（个）	2
	合计		29.2

进行海绵城市改造后，河畔公寓内部雨水总调蓄容积约为29.2m^3，预计可以达到年降雨总量控制率的51.2%（11mm）。

2018年7月23日至24日天津发生100mm以上强降雨，经过改造后的河畔公寓仅在24日上午10点左右雨量最大时段产生5～10 cm深积水，其余时间并无明显积水现象。现场图片如图3-50、图3-51所示。

图3-50　7月24日河畔公寓雨中效果图

图3-51　降雨结束后1h小区效果图

3.5

天津市世芳园老旧小区海绵化改造工程

3.5.1 项目概况

3.5.1.1 项目地点

世芳园位于天津市河西区陈塘庄街，复兴门地铁站附近，处于昆仑路辅路与大沽南路辅路交口。小区地理位置与整体俯视图如图3-52所示。

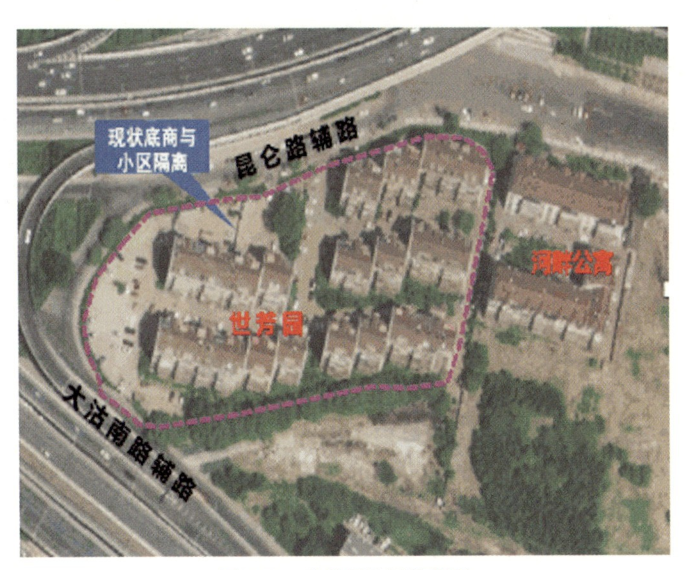

图3-52 世芳园位置俯视图

3.5.1.2 项目规模

本项目占地约16637m^2。

3.5.2 现状分析

世芳园建设于2000年，主要建筑为5栋6层的居民楼。小区西北侧居民楼1楼为河川出租公司等底商，通过围栏与小区隔开。小区内道路主要为铺装路面，平整度较好，但表面面砖破损处较多。绿地面积整体较小，局部绿地被废弃物占据，绿地标高高于道路。部分收水井破损或被堵塞，雨水接入昆仑路辅路现状DN500～DN600雨水管道，最后进入大沽南路雨水泵站（图3-53）。

图3-53 世芳园改造前概况图

世芳园改造前下垫面情况如表3- 19所示。

世芳园改造前下垫面分析 表3-19

序号	下垫面种类	面积（m^2）	面积比例（%）	径流系数
1	屋面	5493	33.02	0.85
2	绿地	2837	17.05	0.15
3	土路面	672	4.04	0.30
4	道路铺装	7635	45.89	0.85
5	合计	16637	100	0.71

按照各个下垫面的经验径流系数加权计算，小区整体现状径流系数为0.71。

3.5.3 建设目标

通过增加海绵设施，改造原有小区雨水管网，降低小区雨水综合径流系数，达到“小雨不积水”的同时，缓解大雨内涝积水情况，改善居民居住环境。

3.5.4 方案设计

小区内现状道路铺装全部改造为透水铺装，总面积约为5155m²，小区南侧围墙边绿地保留，对其余绿地重新铺设草皮，用以提升景观。在围墙内及小区南侧绿地内甬道旁新增植草沟。由于原排水管道总体良好，主要进行了雨水口和管道的清通，将现有雨水口改造为截污型雨水口，每栋楼前雨水立管下方设置雨水桶，收集雨水进行利用。在楼后雨水立管下方设置高位花坛，增加小区的调蓄容积（图3-54）。

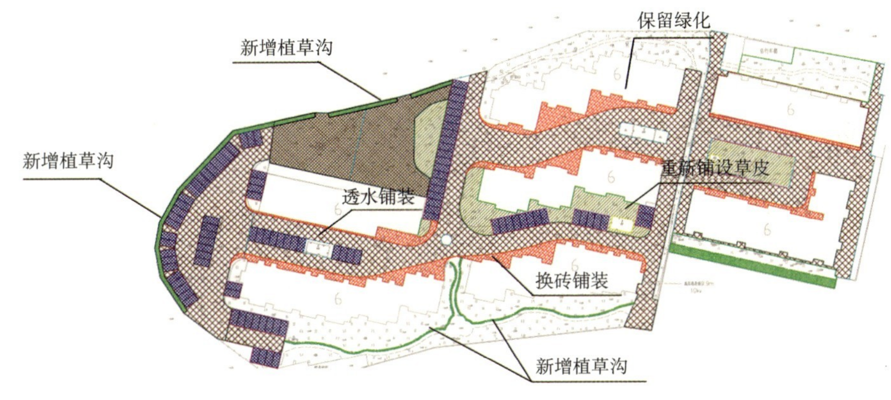

图3-54　世芳园改造内容示意图

通过调整小区内道路的竖向设计，优化排水径流组织方式，在暴雨情况下将雨水通过地表径流排放到大沽南路辅路上（图3-55）。

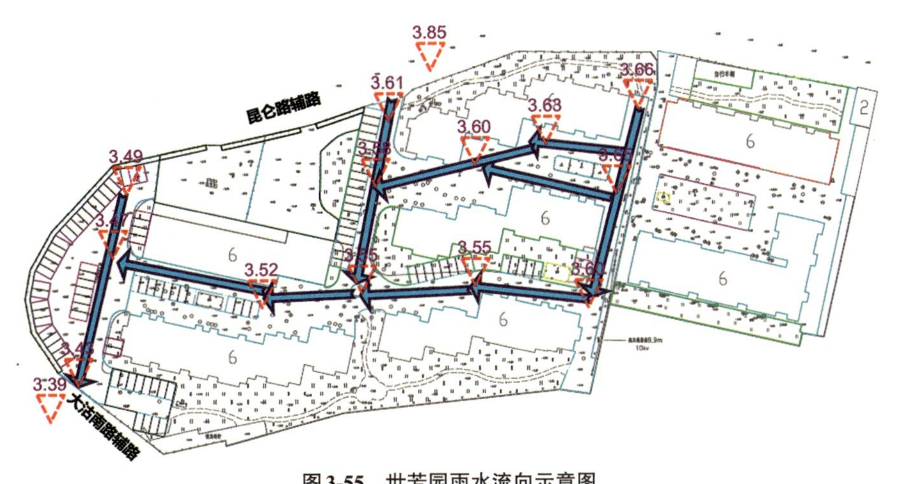

图3-55　世芳园雨水流向示意图

3.5.5 典型设施

世芳园经海绵城市改造后，下垫面分布情况如表3-20所示。

改造后世芳园下垫面分析　　表3-20

序号	下垫面种类	面积（m^2）	面积比例（%）	径流系数
1	屋面	5493	33.02	0.85
2	绿地	3880	23.32	0.15
3	透水铺装	5155	30.99	0.20
4	硬质铺装	2109	12.68	0.85
合计		16637	100	0.49

由表3-20可以看出，世芳园改造中将土路面和道路铺装几乎全部改造为透水铺装，绿地面积由2837m^2增加到3880m^2，由改造前的17.05%增加到23.32%，较改造前增加了6.27个百分点。按照综合径流系数计算，径流系数由改造前的0.71变为改造后的0.49，降低了30.99%。

小区增加了下凹式绿地、雨水桶等具有调蓄能力的LID设施，具体如表3-21所示。

世芳园调蓄设施　　表3-21

序号	类型	数量	调蓄容积（m^3）
1	下凹式绿地	602（m^2）	76.3
2	雨水桶	10（个）	5.0
合计			81.3

进行海绵城市设施改造后，世芳园内部海绵设施总调蓄容积约为81.3m^3，预计可以达到年降雨总量控制率的50.68%（10.86mm）。考虑到管网的疏通，改造后的世芳园可有效应对中小降雨。

3.6

虹桥机场东片区迎宾二路N1地块办公楼建设工程

3.6.1 项目概况

3.6.1.1 项目地点

本项目位于上海市虹桥商务区东虹桥片区程家桥街道375街坊1丘，东至虹桥路，南至IV-S1-01地块（新天鹭会议中心），西至II-N1-04地块（上海机场集团有限公司）。项目地理位置及建设效果图如图3-56所示。

图3-56 项目建设效果鸟瞰图

3.6.1.2 项目规模

项目总用地面积为31619.1m^2，绿地率30%，实际绿化率超过40%；总建筑面积49625.0m^2，其中地上建筑面积26085.0m^2，地下建筑面积23540.0m^2。

3.6.2 现状分析

本项目属于新建公共建筑，按照《上海市海绵城市建设技术导则（试行）》《虹桥商务区海绵城市建设规划（2018—2035）》《长宁区海绵城市建设规划（2018—2035）》及相关规划纲要进行海绵城市设计。

本项目周边西南侧为迎宾二路（现状）道路，其中有雨水*DN*450，污水*DN*600市政管线，北侧迎宾二路（规划）道路有规划雨水管*DN*1000，规划污水管*DN*600市政管线，东侧虹桥路暂无雨污水管线。本项目雨水排出口设置于北侧迎宾二路（规划）道路上，采用一路*DN*800雨水管排水至市政雨水管网（图3-57）。

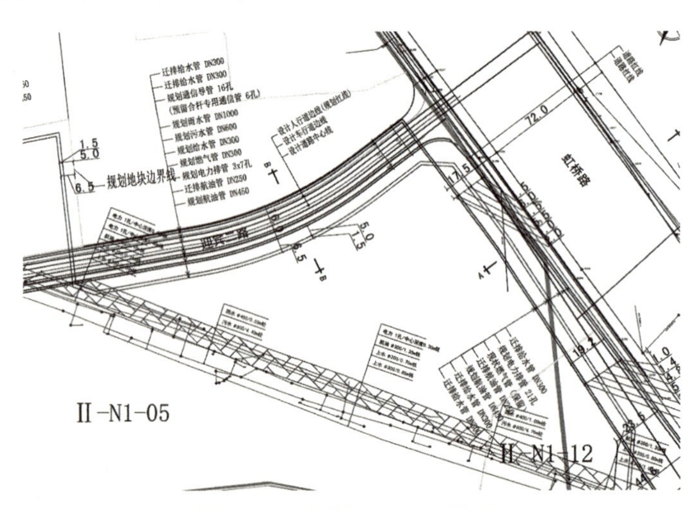

图3-57 建设项目周边市政管线图

北侧迎宾二路（规划）涉及航油管线，航油管在虹桥机场范围内的路径：沿迎宾二路，自S20外环高速，至虹桥机场油库，下穿北侧项目红线基地绿化。

3.6.3 建设目标

本项目结合上位规划要求及绿色建筑三星评价要求，经过海绵城市建设后应满足年总径流控制率≥80%的控制目标，对应设计降雨量26.7mm，年径流污染控制率为55%，旨在达到“小雨不积水、大雨不内涝、水体不黑臭、热岛有缓解”的建设目标。

本项目亦设置海绵城市示范区，为公众参考学习、宣传教育海绵城市提供良好的展示平台。

3.6.4 方案设计

3.6.4.1 技术策略

1.建筑屋面径流组织

结合景观设计，在各栋楼屋顶建设屋顶绿化，强化屋面对雨水径流的滞蓄能力。本项目屋面（包括连廊）大部分采用内排水的方式排放雨水，地块初期雨水径流经管道转输至雨水蓄水池调蓄并作为中水原水，雨水经生态滤床净化处理后优先回用利用；剩余部分溢流，排放至地块红线外的市政雨水管道中（图3-58）。

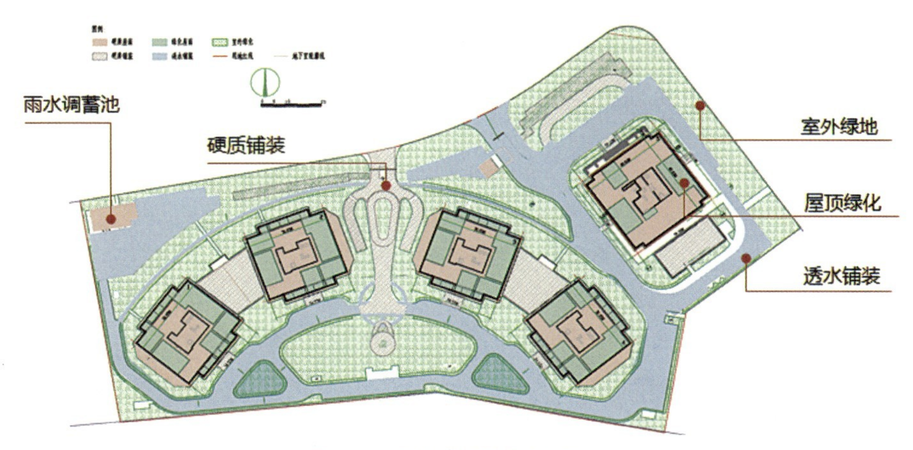

图3-58 海绵设施平面布置图

2.道路及铺装径流组织

（1）结合路面的功能需求，采用适宜的透水铺装路面，降低道路径流系数，减少路面产流，实现“小雨不湿鞋”的效果。

（2）通过道路横坡坡向、路面和道路绿化带及周边绿地的竖向关系、采用平缘石等设计，使道路径流能方便地汇入绿地中的下凹绿地雨水设施进行消纳。

3.总体绿化

结合雨水径流控制要求布置下凹绿地，并将道路径流引入其中进行消纳。

4.雨水调蓄与资源化利用

结合雨水调蓄池设计，建设雨水生态净化和回用系统，本项目雨水净化采用生态滤床净化设施处理，将收集的雨水径流处理达标后用于场地绿化灌溉、道路浇洒和车库冲洗。

3.6.4.2 下垫面分析及海绵设施布置

本项目总用地面积31619.0m²，根据《室外排水设计标准》GB 50014—2021和《海绵城市建设技术指南（试行）》，各下垫面的径流系数取值如表3-22所示，按照以上海绵城市技术策略，可以计算出本工程下垫面综合径流系数0.319。海绵城市示范区示意图如图3-59所示。

下垫面分析表　　表3-22

下垫面类型	面积m²	占比	雨量径流系数
硬质屋面	4507.0	14%	0.9
绿化屋面	2498.0	8%	0.35
总体绿化	11927.0	38%	0.15
硬质铺装	1205.0	4%	0.90
透水铺装	11482.0	36%	0.20
合计	31619.0	100%	0.319
年径流总量控制率		80%	
设计降雨量（mm）		26.70	
所需控制量（m³）		269.3	

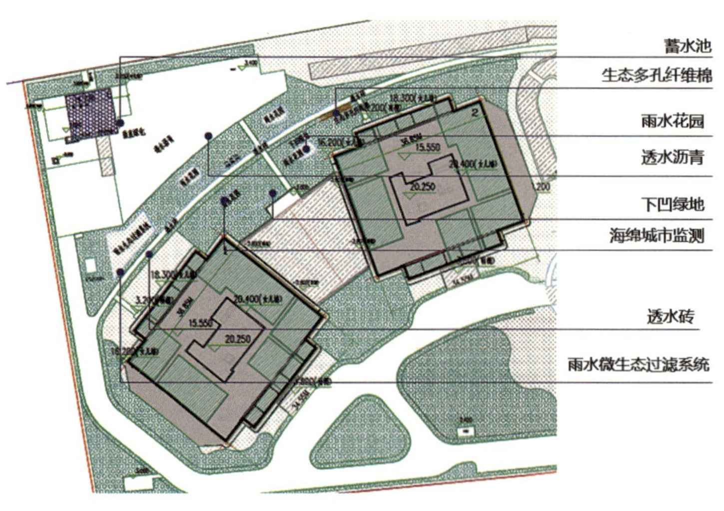

图3-59　海绵城市示范区示意图

3.6.5 典型设施

本项目海绵城市建设内容从源头减排、过程控制、末端治理3个阶段对项目内降雨进行全过程雨水管控。

源头减排措施包括：屋顶绿化、下凹绿地、雨水花园、透水铺装、生态多孔纤维棉等多种类海绵措施，其中屋顶绿化面积2498m^2，占屋顶面积约30%，下凹绿地面积4771m^2(其中雨水花园面积为100m^2)，占总绿化面积的40%，透水铺装面积11482m^2，约占室外总铺装面积的90%，生态多孔纤维棉设置容量为12.5m^3(图3-60)。

图3-60　生态多孔纤维棉设置示意图

过程控制措施包括：场地雨水管渠满足5年一遇设计重现期。雨水管渠将源头措施与末端措施连接，将源头收集雨水转输至末端雨水调蓄设施进行净水及排放处理。

末端治理措施包括：在雨水管网末端设置混凝土雨水调蓄池，调蓄池总容积为270m^3，采用生态滤床雨水净化系统对雨水进行回用处理和达标排放，不投加药剂，不会对水体造成二次污染，通过慢速过滤将场地雨水进行净化处理，径流雨水处理达标后回用于场地绿化灌溉、道路浇洒、车库冲洗(图3-61)。

项目设置一套完整的海绵城市监测系统和监测管理平台，用以监测场地雨水流量、雨量和SS浓度等(图3-62)。

3.6.6 建设效果

本项目设计采用“源头削减措施+过程控制+末端生态净化”的海绵城市技

图3-61　生态滤床雨水净化系统海绵示范实景图

图3-62　海绵城市智慧监测系统实景图

术策略，将近自然设计途径与人工措施结合，实现建筑功能、景观功能、海绵功能“三位一体”的有效融合，充分发挥“渗、滞、蓄、净、用、排”的功能和目标，实现雨水在项目内形成小型的水循环体系，促进雨水资源利用，提高节水效率（图3-63）。

图3-63　项目建成实景图

第4章

海绵城市公园与道路应用案例

- □ 珠海市金湾区白藤山生态修复湿地公园海绵化改造工程
- □ 镇江市海绵公园建设工程
- □ 重庆翠云片区 D 区横一路海绵型道路建设示范工程
- □ 镇江市龙门港路海绵型道路改造工程
- □ 珠海市机场东路美化绿化提升工程
- □ 天津市洞庭路立交海绵化改造示范工程

公园与道路海绵城市建设与改造工程，改变了雨水快排、直排的传统做法，通过建设透水铺装、下凹式绿地、雨水调蓄池等，提升城市内涝防治能力、削减径流总量和径流污染。本书列举了我国不同城市的具有代表性的公园与道路海绵城市项目，包括珠海市金湾区白藤山生态修复湿地公园海绵化改造工程、镇江市海绵公园建设工程、重庆翠云片区D区横一路海绵型道路建设示范工程、镇江市龙门港路海绵型道路改造工程、珠海市机场东路美化绿化提升工程、天津市洞庭路立交海绵化改造示范工程。

4.1 珠海市金湾区白藤山生态修复湿地公园海绵化改造工程

4.1.1 项目概况

4.1.1.1 项目地点

项目位置位于金湾立交以西，珠海大道与湖心路交汇处，坐落在白藤山脚下，连接珠海金湾和斗门。

4.1.1.2 项目规模

项目红线范围约19.2hm^2。

4.1.2 现状分析

白藤山生态修复湿地公园原址为采石场，场地的开发也伴随着场地的破坏，泥土出现塌陷，白藤山的生态环境遭到了严重破坏（图4-1）。

项目范围内主要由水体和硬化地面组成，建设前作为建材加工场地和临时办公场地。由于周围破坏严重，降雨后大量径流污染物汇入湖体，办公场地内的生活污水也直排湖体且现场有较多碎石和废弃材料（图4-2）。

图4-1　白藤山生态修复湿地公园建设前

图4-2　场地现状分析

4.1.3 建设目标与指标要求

根据珠海市西部中心城区海绵城市试点建设对本片区的功能定位和指标要求，确定白藤山生态修复湿地公园项目海绵城市建设指标如下：

4.1.3.1 水环境目标

（1）项目SS削减率不低于60%；

（2）湖体水质不低于《地表水环境质量标准》GB 3838—2002 Ⅳ类水标准。

4.1.3.2 水生态指标

项目年径流总量控制率不小于87.5%，对应设计降雨量为53.9mm。利用废弃采石场，让场地重新焕发生机，打造为一座顺应场地文脉记忆的城市生态修复湿地公园。

4.1.4 方案设计

1.功能分区

结合场地关系及功能需求，场地主要划分以下几个分区：入口广场区、活力运动区、科普游憩区、生态花园区、场地修复区、生态绿廊区（图4-3）。

图4-3 场地功能分区

2.设计流线

雨水走廊：因地制宜布置一系列海绵设施，实现对雨水的调蓄管理。沿途的生态旱溪、净化湿塘、生物滤床、下凹式绿地、雨水花园形成一圈生态科普流线（图4-4、图4-5）。

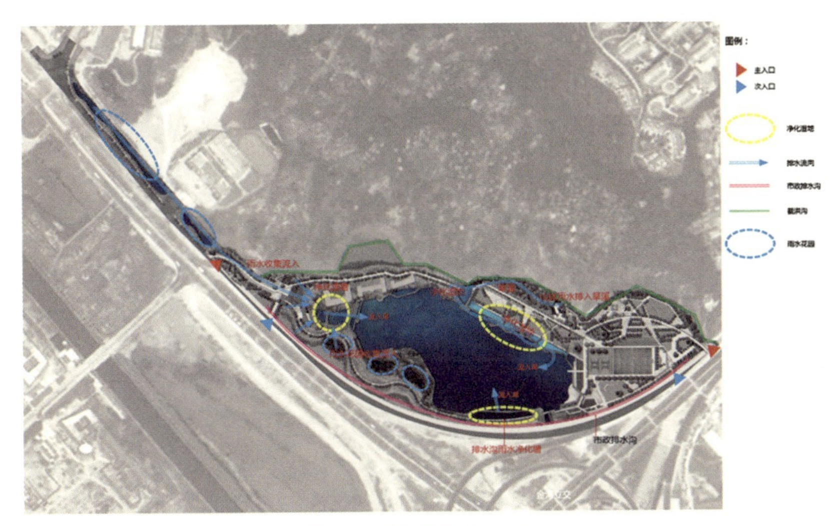

图4-4　雨水走廊流线分析

图4-5　雨水走廊流线设施布置

静谧走廊：在山与湖之间布置的生态旱溪、岩石园及湿地栈道营造原生态野趣景观，让游人在城市可亲近自然，体验自然探索的妙趣（图4-6）。

运动流线：连接球场、极限运动区、儿童游戏区、垂钓平台等开放的户外空间，既满足运动需求，也可以根据周边学校及居民的使用需求灵活地进行功能转

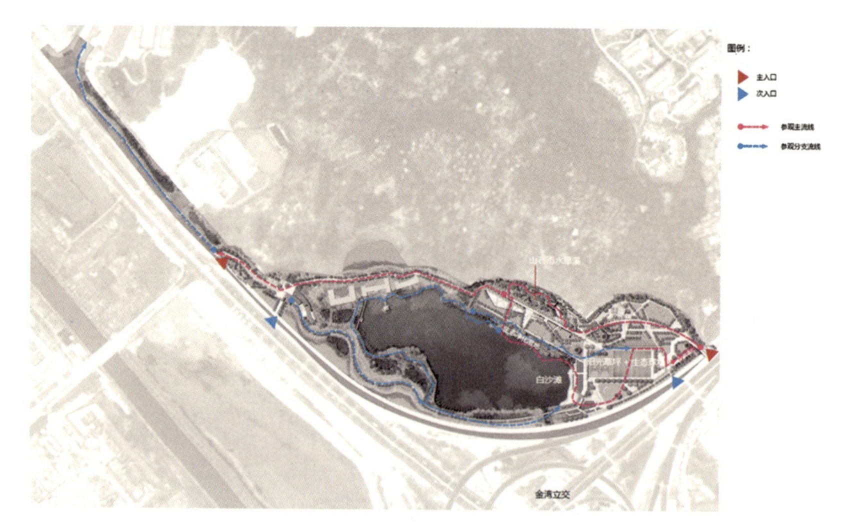

图4-6　静谧走廊流线分析

换，兼具户外学习、休闲游戏空间。

3.材料运用

设计本着生态修复的原则，在保留现有场地记忆的前提下进行了创意性的修复改造。设计中把大量的现状材料融入场地设计，如岩石、预制混凝土块、碎石、废弃轨道等。同时为了保证景观的持久性和低维护性，选择预制混凝土作为步道板的主要材料。预制混凝土步道板还提供了平滑、致密和干净的表面，使灰尘的沉降降到最低。它同时也是一种生态友好的步行材料，不会阻止雨水的渗透。

设计中也运用了石笼坐凳、预制混凝土坐凳等，与场地整体风格保持统一。运动驿站、公园管理房等景观建筑采用集装箱模块式设计，灵活便利、成本低（图4-7～图4-10）。

图4-7　现状碎石、利用碎石做铺装材料

图4-8　现状混凝土块、利用混凝土块做休闲座椅

图4-9　现状碎石、利用碎石做石笼

图4-10　现状条石、利用条石做草坪台阶

4.植物设计

结合场地山、水、自然科普等特征，植物设计整体格局疏朗通透，以低养护的地被、观赏草、花进行设计，打造四季花开、富有活力的、生态自然的植物景观。依据景观内容分为入口及儿童活动区、疏林草地区、岩石园及旱溪区、环湖湿地区、外围展示区（图4-11）。

入口及儿童活动区：以大红色为主，将高大乔木及灌木结合，打造大气疏朗的植物景观。主要植物有凤凰木、火焰木、樟树、朴树。

疏林草地区：以规则的草坪地形点缀造型飘逸的观赏乔木，为多功能的户外空间营造开敞的视觉效果。

岩石园及旱溪区：以棕榈科植物结合多年生草花、水生植物进行设计，打造

图4-11　植物种植设计

自然、野趣的植物景观。主要植物有丝葵、露兜、丝兰、苏铁、桃花、月季、多年生草花等。

环湖湿地区：以粉红、紫红色植物为主，结合观赏草、水生植物，打造静谧、通透的植物景观。主要植物有水杉、大腹木棉、宫粉紫荆、蓝花楹、水蒲桃、观赏草、水生植物。在湿塘、湿地及生物滤床内种植有利于水体净化的粗放型植物。

外围展示区：对于现状密植的乔木进行适当梳理，有节奏地敞开珠海大道到湖面的视线，连接金湾城市绿廊。

4.1.5 典型设施

4.1.5.1 雨水系统

1.源头

人行道采用透水铺装，消纳路面雨水，达到小雨不湿鞋的效果，雨后最短时间内可以实现居民畅通慢行(图4-12)。

局部结合景观布置植草沟、雨水花园，起到路面雨水的收集、净化、滞蓄作用，能够有效消纳周边降雨径流(图4-13)。

看台同时作为阶梯式滤床，遵守自然做功、自然排水的原则，对看台及周边场地进行合理化设计，在兼顾看台功能的同时满足雨水的有序排放。通过阶梯式的雨水过滤设施使得雨水在汇流过程中起到径流总量控制和污染物的消纳作用，

图 4-12　透水铺装

图 4-13　雨水花园、植草沟

兼顾低影响开发设计和居民活动空间。在阶梯式滤床末端设置观察口，使人们能够直观观察雨水处理效果（图4-14、图4-15）。

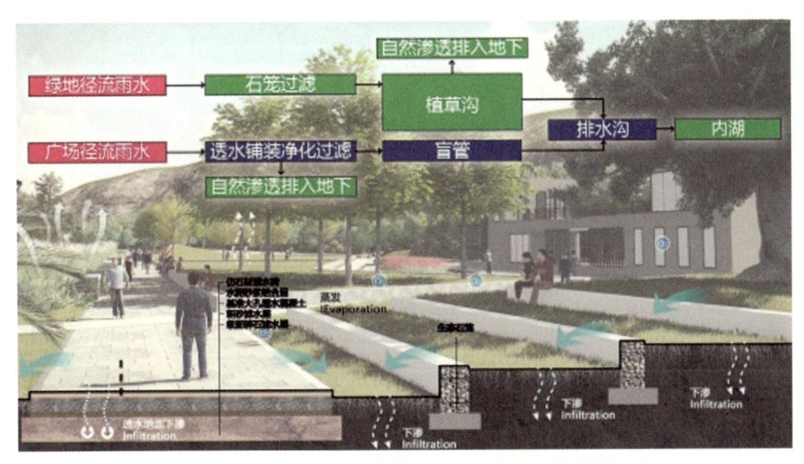

图 4-14　看台（阶梯式滤床）雨水处理流程图

2.过程

超过海绵设施控制容积的场地径流雨水先通过排水沟收集，在雨水入湖前，

图4-15　看台（阶梯式滤床）现场图

流入湿塘、湿地等控制初期雨水污染，同时调蓄部分雨水，最终汇入中央景观湖进行调蓄（图4-16）。

图4-16　湿塘调蓄净化

在白藤山山脚处设置旱溪，在净化雨水、打造景观效果的同时，保证场地及周边道路在暴雨时的排水安全，雨水最终汇入中央景观湖（图4-17）。

图4-17　旱溪

3.末端

作为整个场地汇集雨水的末端设施，中央景观湖收集整个公园雨水，径流雨水通过源头、过程净化后，充分保障入湖雨水的水质，同时在中央景观湖构建生态系统，使湖水能够自我净化。超标雨水通过溢流堰经珠海大道箱涵进入1号主排河（图4-18）。

图4-18　旱溪、表流湿地调蓄净化

4.1.5.2 污水收集处理系统

对于驿站内卫生间产生的污水，在公园内设置了污水一体化处理设施、潜流人工湿地、湿塘、中央景观湖等净化设施，保障入湖水质安全（图4-19）。

图4-19 污水收集处理系统

4.1.5.3 回用水系统

在公园中央及靠近湖体处设置雨水回用设施，将净化后的雨水收集用于景观灌溉、道路喷洒、厕所冲洗用水等（图4-20）。

图4-20 雨水回用设施位置图

4.1.6 结语

白藤山生态修复湿地公园结合海绵城市的设计思想，对场地内雨水径流进行有效疏导，采用系统治理思路，遵守自然做功、自然排水的原则，结合景观造景对地形的需求，对场地竖向进行合理化设计，以满足雨水径流有序排放。项目采取循环、重构及弹性边界三大策略，改造内容包括生态修复、场地利用和雨水管理。在生态学和海绵城市概念的指导下，对场地进行生态恢复和保护，通过多个节点的串联，将绿化展示、生态讲解、活动体验融为一体。白藤山生态修复湿地公园建成后，年径流总量控制率可达到87.5%，对应设计降雨量53.9mm，年SS总量控制率达到60%。同时对场地内及周边区域的雨水及山洪水具有调蓄作用，保证周边场地的排水防涝安全（图4-21）。

图4-21　白藤山生态修复湿地公园建成后全貌

白藤山生态修复湿地公园以期示范相关技术措施，并总结项目模板，形成可复制、可推广的生态修复、海绵城市建设常态化设计。

2022年6月，白藤山生态修复湿地公园入选中国“全域海绵”典范项目，同时荣获2022法国巴黎DNA设计大奖（DNA Paris Design Awards）。

4.2

镇江市海绵公园建设工程

4.2.1 项目概况

4.2.1.1 项目地点

项目位置位于镇江市京口区西部，北靠滨水路，南到江滨路，西邻征润洲路，东倚阳光世纪花园梧桐苑和紫荆苑。

4.2.1.2 项目规模

本项目占地约6hm^2。

4.2.1.3 建设投资

本项目建设投资约6600万元。

4.2.2 现状分析

海绵公园建设范围属于江滨片区，该片区属于连片老城区，在水安全、水环境方面存在的问题有：

（1）江滨雨水泵站规模及排水能力偏小、片区收水设施能力不足；

（2）片区现状年径流总量控制率49.1%，面源污染较为严重。

海绵公园建设场地现状有一较小的社区公园，但休憩设施较少，无法为周边居民提供方便的休闲健身活动场所。现状场地内建筑垃圾较多，雨季常有恶臭气味散发，严重影响周边居民的生活质量。

4.2.3 建设目标

4.2.3.1 完成片区海绵城市建设目标

海绵公园所在汇水区为江滨汇水区，江滨汇水区海绵城市建设目标为：30年一遇防涝能力、径流污染控制率（以TSS计）60%、年径流总量控制率75%。

海绵公园项目综合源头LID设施、管网改造、在线处理等处理设施，使江滨片区完全达到镇江市海绵城市建设的要求。

4.2.3.2 创造高品质海绵城市公园

设置展览中心，为海绵城市科普解说、生态知识解说及科学研究提供平台。同时，通过海绵公园建设，创造一个出色的、生态结构丰富的场所，为市民提供一个休闲娱乐、生态科普的高品质环境。

4.2.3.3 确保海绵城市的可持续发展

全面提升镇江市的水安全、水环境、水生态、水资源、水文化水平，确保其长久可持续发展。

4.2.4 方案设计

海绵公园建设内容包括新江滨雨水泵站（海绵公园泵站）工程、雨水调蓄净化工程（多级生物滤池）、公园海绵措施及景观工程、海绵展示馆建设工程（图4-22）。

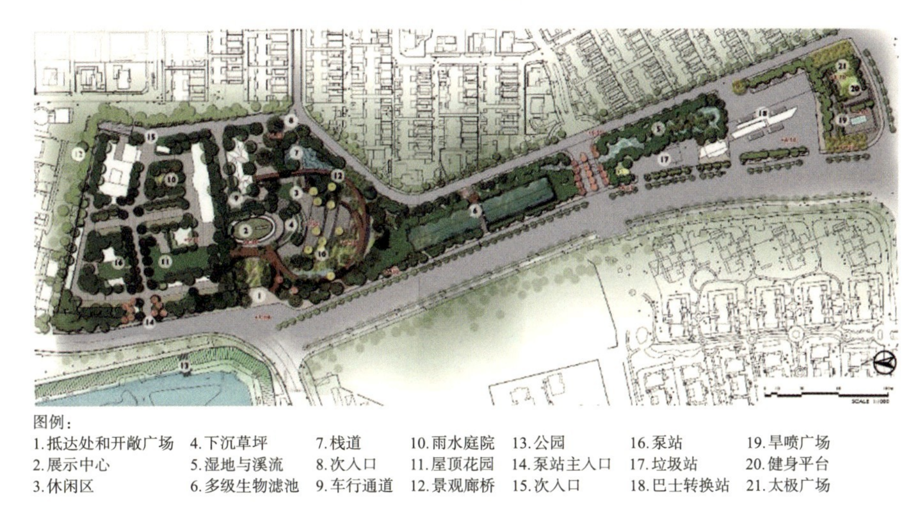

图4-22 海绵公园总平面布置图

新江滨雨水泵站（海绵公园泵站）具有初雨提升和暴雨排涝功能。江滨片区的初期径流雨水通过泵站内初雨提升泵组输送至海绵公园内多级生物滤池净化处理后回用，超量雨水通过排涝泵组排放至金山湖，实现江滨片区综合的水环境提升和水安全保障功能。

海绵公园内的雨水处理系统流程为：新江滨雨水泵站将江滨汇水区初期径流雨水引入多级生物滤池，通过生物滤池的过滤净化处理，滤池出水进一步通过紫外光解净化系统（UV系统）净化，最终出水一部分储存在调蓄池内供景观用水、灌溉用水使用，超量雨水溢流至金山湖（图4-23）。

项目新建海绵措施通过透水铺装、透水混凝土、雨水花园、下凹式绿地、植草沟、绿色屋顶等多种LID设施组合对公园内雨水进行调蓄与净化。

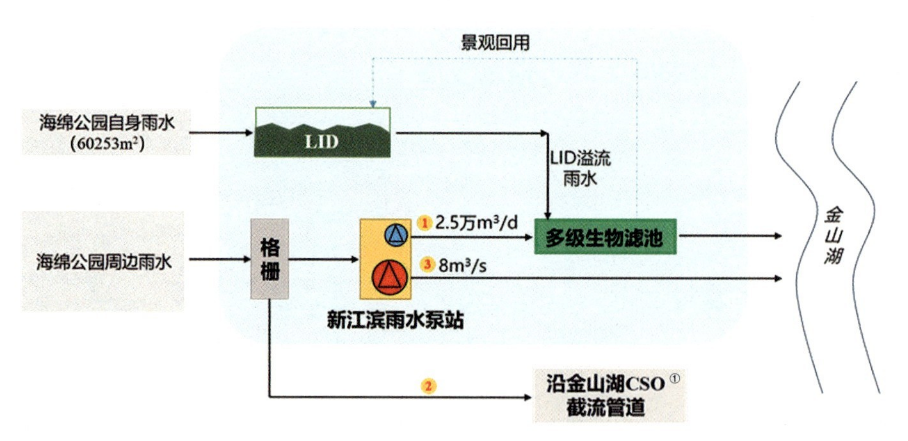

图4-23 海绵公园雨水处理流程

4.2.5 典型设施

4.2.5.1 新江滨雨水泵站工程

新江滨雨水泵站直径17.6m，深11m，其中：初雨提升泵组设计规模约2.5万m^3/d，设潜污泵2台（流量1000m^3/h，扬程16m，1用1备）；雨水排涝泵组设计规模8m^3/s，设混流泵4台（流量7632m^3/h，扬程9m）。

4.2.5.2 海绵公园雨水调蓄净化工程

新建多级生物滤池1座，占地2400m^2，处理规模为2.5万m^3/d，表面负荷约10m^3/(m^2·d)。新建雨水调蓄池1座，有效容积500m^3，采用石英砂蜂巢结构蓄水净化池，内部设潜污泵2台（Q=11m^3/h，H=10m），满足海绵公园日常绿化用水。潜污泵1台（Q=42m^3/h，H=4m），满足公园内水景观循环。排泥泵潜污泵3台（Q=10m^3/h，H=8m）。其中多级生物滤池由碎石和渗透率高的介质土填料构成的生物处理构筑物，雨污水与填料表面上生长的微生物接触，污染物去除，雨污水得到净化，TSS、TP、TN（total nitrogen，总氮）、NH_3-N（氨氮）、锌和铜的去除率可达80%、50%、25%、25%、60%和30%（图4-24、图4-25）。

4.2.5.3 公园海绵措施及景观工程

项目新建海绵措施包括透水铺装、透水混凝土、雨水花园、下凹式绿地、植

① CSO指城市雨污混合溢流污水。

图4-24　多级生物滤池设计效果图

图4-25　多级生物滤池建成图

草沟、绿色屋顶等，海绵设施工程量统计如表4-1所示。通过多种LID设施组合对公园内雨水进行调蓄与净化（图4-26～图4-28）。

海绵设施工程量统计表　　表4-1

序号	项目名称	单位	数量
1	调蓄池	m^2	500
2	渗透铺装	m^2	5000
3	透水混凝土	m^2	3800
4	生态树池	个	7
5	雨水花园	m^2	2500
6	渗渠	m^3	50

续表

序号	项目名称	单位	数量
7	下凹式绿地	m^2	500
8	转输型植草沟	m^2	500
9	绿色屋顶	m^2	500
10	垂直绿化	m^2	5000

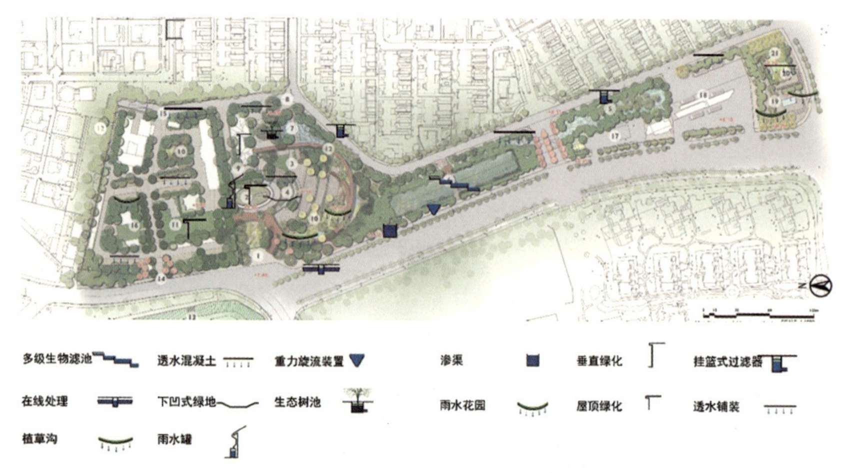

图4-26　海绵公园海绵设施布置图

图4-27　透水混凝土

海绵公园景观工程：基于海绵广场结构和空间的整体性，以“一环”“一中心”“一厂区”为脉络，控制布局，层次分明，进行海绵公园整体景观设计。

“一环”由广场内环路组成整个公园的“主脉络”——主路路网以及人行步道结构，随功能和地形的需求或隐或现，联系多级生物滤池。车行道路宽7.5m，

图4-28　透水铺装

人行道路宽2m，同时进行无障碍设计，实现人车分离，互不干扰地各行其道。“一中心”为人行天桥环绕的开敞广场至海绵展示馆建筑。设计有多处LID设施，提升广场景观效果，满足市民活动休闲需求，是科普教育的最佳展示面。“一厂区”围绕江滨泵站，区内包含多种LID设施，解决厂区内的排水问题，有效净化水质。

利用“海绵+休闲”的设计理念，场地“寓教于乐”，设置多种海绵配套服务设施，提高其整体的功能使用性，满足场地的景观及功能需要（图4-29～图4-32）。

图4-29　下沉广场

图4-30 儿童活动区

图4-31 下凹式绿地

图4-32 海绵公园建成效果图

4.2.5.4 海绵展示馆建设工程

海绵公园展示馆是镇江海绵城市建设的集中展示平台，集海绵城市建设科普教育与展示于一身。通过图片、模型及影像等多种手段，多角度展示镇江海绵城市发展的历史脉络，集中展示了镇江海绵城市建设背景、实践和成效等。其中，极具特色的是在展馆中厅设置了“人工降雨展示区”，面积约52m^2，设置了大雨、中雨、小雨3种模式，全方位展示了海绵设施在雨水的下渗、净化、排放和利用过程中起到的作用，让普通市民直观地了解海绵城市建设的目的和效果，起到推广海绵城市的重要意义（图4-33）。

图4-33 海绵展示中心

4.2.6 建设成效

4.2.6.1 功能性

经过专项设施处理后，可处理来自江滨片区每日2.5万m^3的初期雨水，结合片区源头海绵设施改造及管网改造、在线处理等方式，可使江滨片区年径流总量控制率、面源污染削减率、片区内能有效应对不低于30年一遇的暴雨等指标完全达到镇江市海绵城市的建设要求，同时解决了历史积涝点问题。

4.2.6.2 展示性

在兼顾功能性的同时，通过室内和室外多种展示方法的结合利用，综合图片、模型及影像等多种手段，多角度地展示镇江海绵城市发展的历史脉络、规划愿景及建设现状，突出镇江海绵城市建设技术优势，推广镇江海绵城市建设经验。

4.2.6.3 科普性

海绵公园通过多种海绵设施的综合展示，结合展厅、宣传牌等方式，全面地宣传了海绵城市建设理念、技术及意义，让城市居民们更加了解海绵城市，支持海绵城市建设。

4.2.6.4 休闲性

结合周边居民生活习惯，在适当场所设置运动设施，为周边居民提供锻炼、游憩的场所，提升居民幸福感，增加城市微空间。

4.3

重庆翠云片区D区横一路海绵型道路建设示范工程

4.3.1 项目概况

翠云片区D区位于两江新区核心区，其北侧为中央公园，南距中央商务区15km，西距重庆西部会展中心约3km，东距江北国际机场约5km（图4-34、图4-35）。

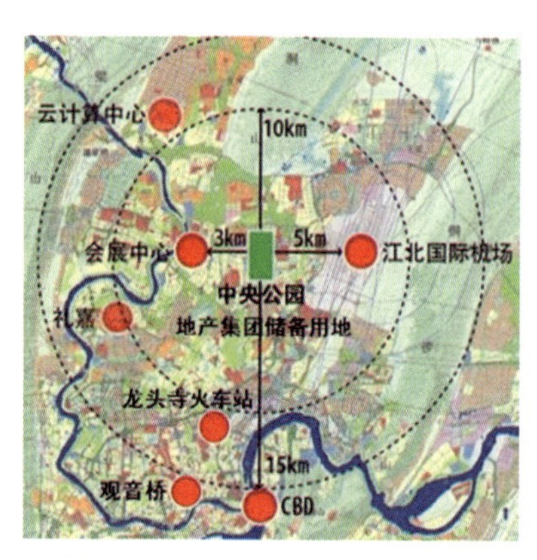

图4-34 项目所在地区地理位置图

图4-35 项目区与周边重要地点距离关系图

横一路道路工程起点接D区规划纵五路，终点为新建回车场，道路全长1.873km，标准路幅宽26m，双向4车道，为城市次干道（图4-36）。

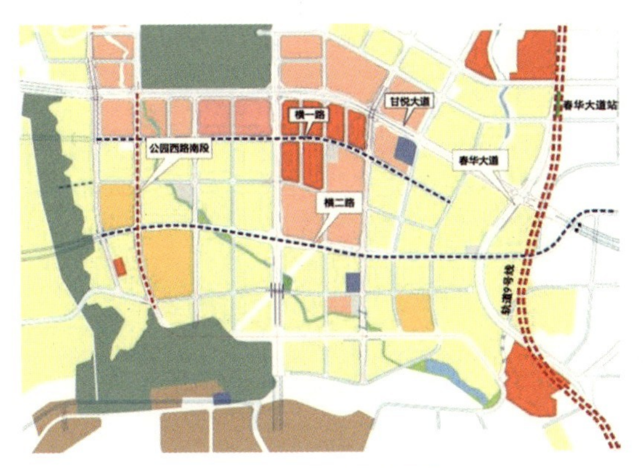

图4-36　项目区路网图

横一路雨水管道双侧布置于人行道下，管中心距路缘石距离为1.3m和1.5m；污水管道单侧布置于南侧人行道下，距离路缘石2.8m；其余综合管线均根据相关要求合理布置于人行道下（图4-37）。

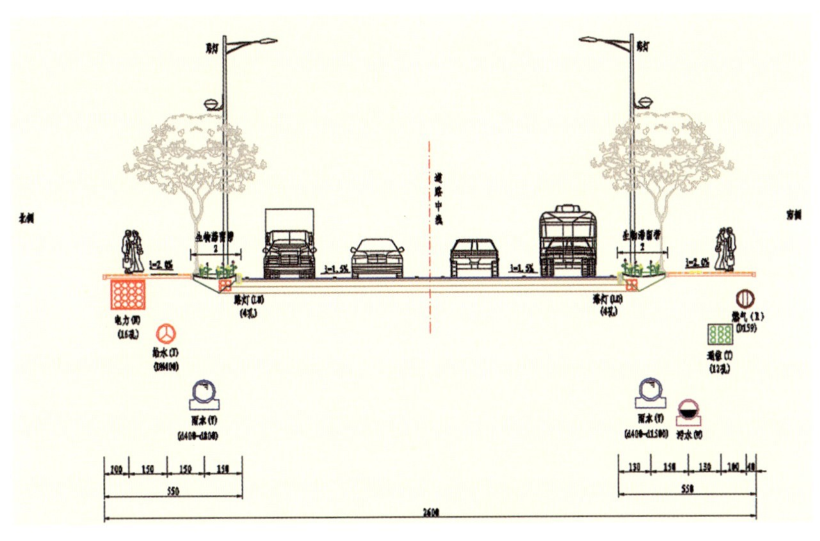
图4-37　综合管网标准横断面图

本项目于2019年7月完成全阶段设计工作，于2022年整体竣工（图4-38）。

4.3.2 现状分析

项目所在场区东高西低，南高北低，沟谷特征明显，南侧台地标高最高处约

图4-38　项目区域效果图

420m，东侧台地标高最高处约420m，西北为山谷，处于地势低洼地带，标高最低处约280m（图4-39、图4-40）。

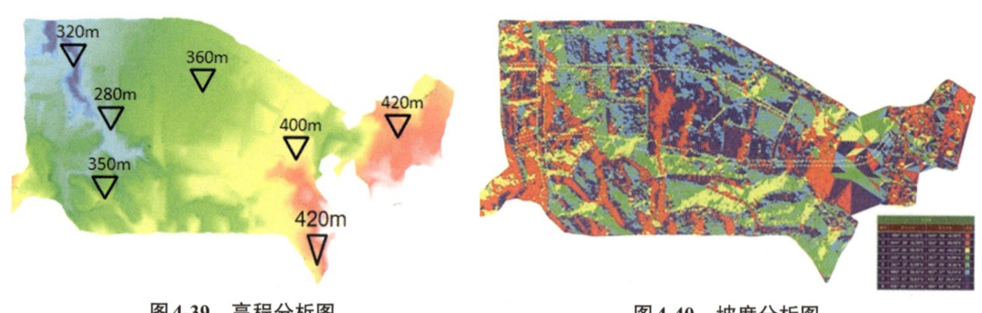

图4-39　高程分析图

图4-40　坡度分析图

片区内存在一现状河道麻雀沟，为规划保留的水系（图4-41）。片区整体地形南高北低及东西高，中间低，麻雀沟南北向贯穿整个片区，河道主管部门对麻雀沟同步进行改造（图4-42）。

图4-41　麻雀沟改造前照片

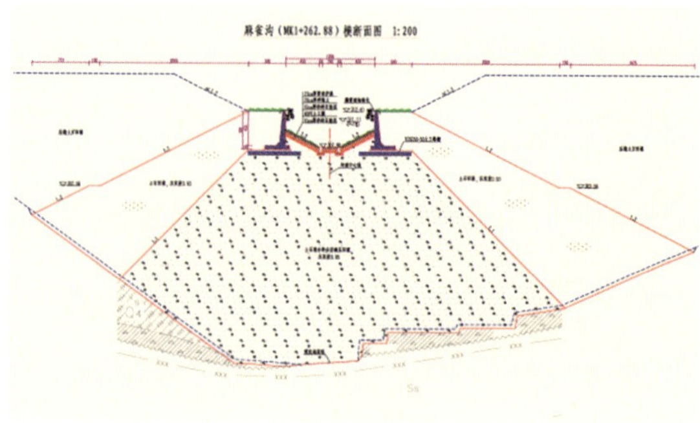

图4-42　麻雀沟整治断面图

4.3.3 建设目标

根据区域海绵城市专项规划及两江新区建设管理局关于海绵城市建设管理相关文件，结合区域自然特征和环境条件，综合采用“渗、滞、蓄、净、用、排”等措施，完善生态格局、改善水环境、修复水生态、加强水安全、建设“具有山地特色的立体海绵城市”。道路年径流总量控制率规划指标≥70%，污染物削减率≥50%。

4.3.4 方案设计

本项目海绵城市建设内容主要为生物滞留设施及透水铺装等措施（图4-43）。道路标准路幅人行道宽度为5.5m，生物滞留设施双侧布置于人行道下，宽度2m；对人行道全幅敷设透水砖（图4-44）。

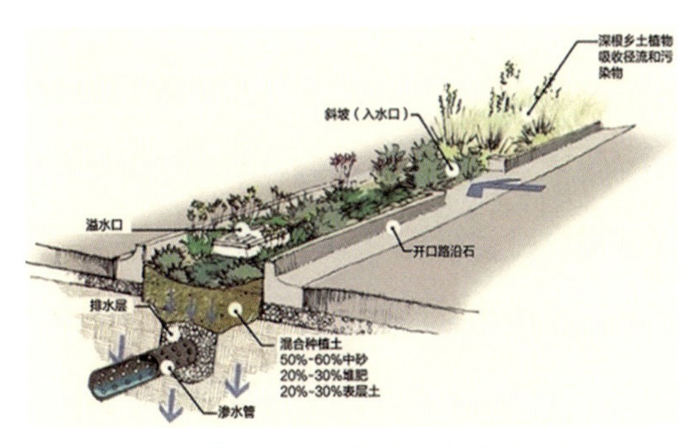

图4-43　生物滞留设施示意图

图4-44　透水铺装（实景）

4.3.5 典型设施

4.3.5.1 生物滞留设施

1.原理

道路雨水经过路缘石豁口流经卵石区实现均匀布水和消能，而后通过种植区植物、土壤和微生物系统的下渗、缓冲，净化径流、缓排雨水，当雨水量超过生物滞留设施的容量则经溢流雨水口排到雨水管道。

2.平纵布置

生物滞留设施宽为2.0m，内部净宽1.7m，蓄水层高度20cm。道路坡度≤2%的路段，生物滞留设施纵坡同道路坡度；坡度2%＜道路纵坡≤5%的路段，采用阶梯状雨水生物滞留设施（图4-45、图4-46）。

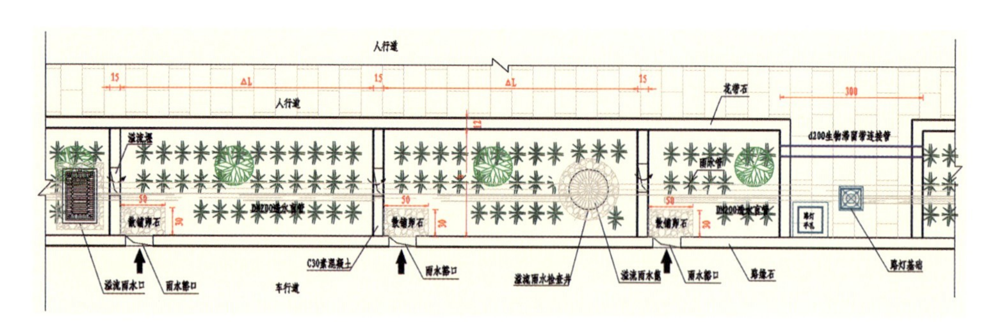

图4-45　生物设施留带平面布置设计图

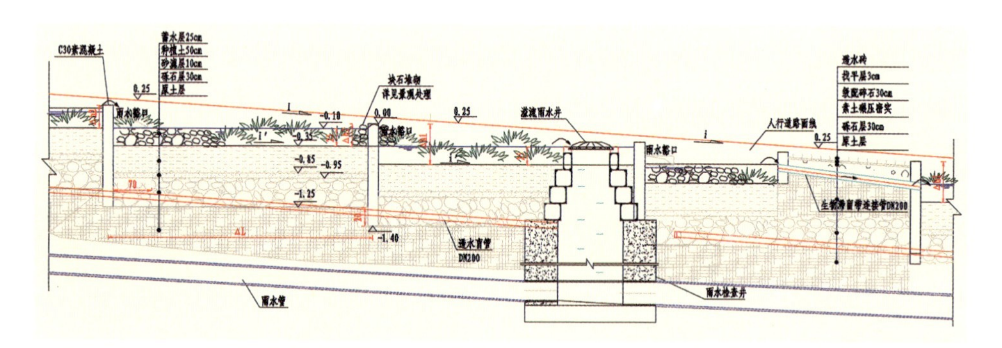

图4-46　生物滞留设施纵向布置设计图

3.竖向设置

生物滞留设施深度（图4-47）：

$$H = H_1+H_2+H_3+H_4+H_5$$

式中：H_1——种植土厚度取50cm；

H_2——设计蓄水区深度，取25cm；

H_3——砂滤层厚度，取10cm；

H_4——砾石层厚度，取30cm；

H_5——道路或人行道地面标高与最高持水区高差，10cm。

4.路沿石豁口设计

车行道路缘石采用等间距豁口形式，尽量使雨水以分散流的形式沿道路纵坡均匀进入设施中，集中入流处散铺卵（砾）石消能（图4-48）。

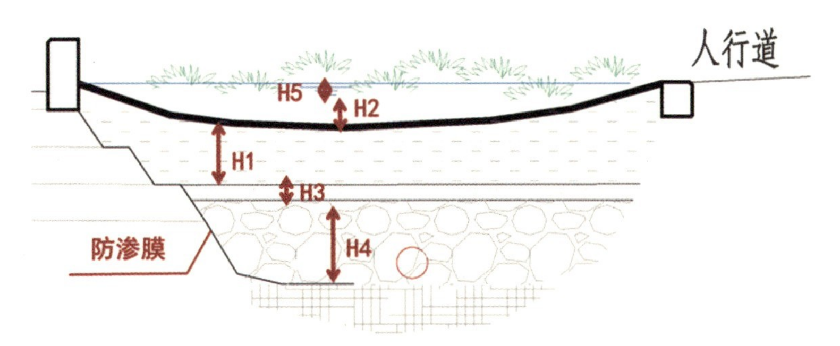

图4-47　生物滞留设施竖向设置原理图

图4-48　豁口实景图

5.溢流雨水口设计

当雨水检查井布置于生物滞留设施内时，检查井井盖采用圆形透水井盖作为雨水溢流口（图4-49）；当生物滞留设施中无雨水检查井，需每隔30m左右或在生物滞留设施顺坡向底端新建方形溢流雨水口，每个连续的生物滞留设施最低点处均需设溢流雨水口（图4-50）。

图4-49　圆形透水井盖实物图

图4-50　方形溢流雨水口实物图

6.生物滞留设施与市政配套设施的关系

生物滞留设施在路灯灯杆及市政消火栓处断开3m，断开处采用d200的II级钢筋混凝土管，采用砂垫层基础，管道坡度不小于1%，上游管内底与种植土表层齐平。管道敷设避开路灯灯杆基础，沿基础外侧布置d200排水管道（图4-51、图4-52）。

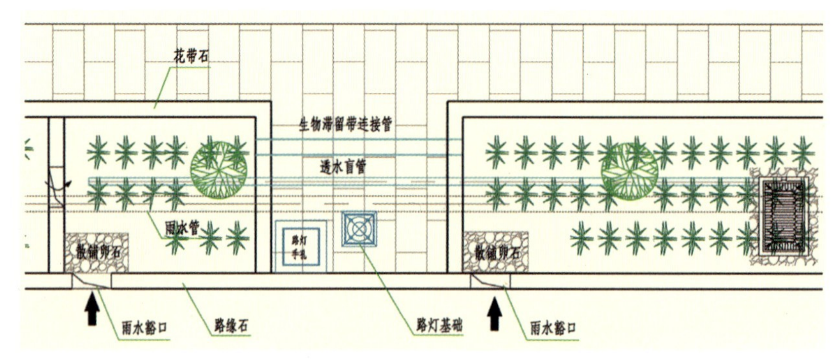

图4-51　生物滞留设施与灯杆布置处理示意图

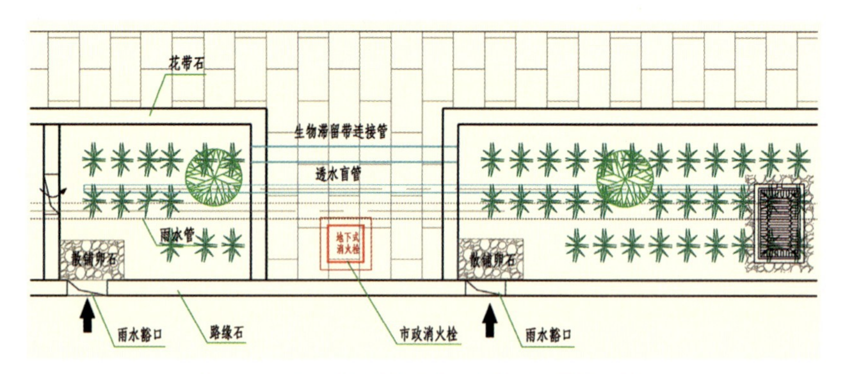

图4-52　生物滞留设施与消火栓布置处理示意图

4.3.5.2 透水铺装

1.原理

沿人行道每隔30m布置1道横向透水管，横向透孔管通过三通与纵向DN50的PE多孔盲管相连，将透水砖下渗的雨水就近引入雨水口后排入雨水系统。

2.技术要求

透水砖规格采用25cm×15cm×6cm，其防滑性能（BPN）不应小于60、保水率不小于0.6g/cm^2、耐磨性的磨坑长度不应大于35mm。外观质量、尺寸偏差、力学性能、物理性能等其他要求应符合《透水路面砖和透水路面板》《透水砖路面技术规程》的规定。

3.路基防水

透水铺装与车行道路基之间应敷设防渗膜，防渗膜采用两布一膜防渗土工膜，膜厚0.35mm，土工布规格400g/m^2（两层总质量），标称断裂强度≥16kN/m，CBR顶破强力≥2.8kN，耐静水压0.7MPa。

4.3.6 建设成效

4.3.6.1 指标完成情况

根据重庆两江新区建设管理局《关于开展海绵城市专项设计相关事项的通知》（渝两江建发〔2017〕36号），无专项规划区域海绵城市设计要求：新建项目年径流总量控制率不低于70%，年径流污染物去除率不低于50%。

海绵计算范围为道路红线范围以内，划分为三个汇水分区，分别为分区1（K1+873-K0+840段）、分区2（K0+840-K0+625段）、分区3（K0+625-K0+000段）（图4-53）。

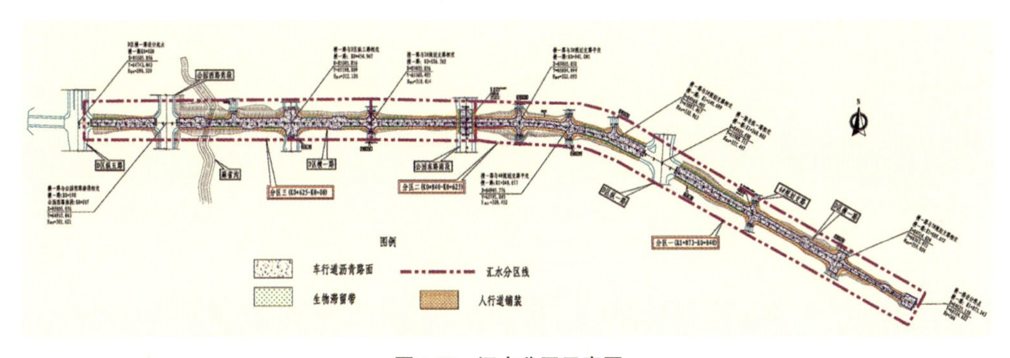

图4-53 汇水分区示意图

生物滞留带径流系数取1，车行道、常规人行道等不受控道路径流系数取0.9，人行透水砖铺装径流系数按0.15设计。

生物滞留带的污染物去除率为75%，透水铺装的污染物去除率为80%，不受控区域污染物去除率为55%（表4-2～表4-4）。

根据海绵城市指标计算，对三个汇水分区加权平均计算，本项目年有效径流总量控制率为71.35%，年径流污染去除率54.62%，满足指标要求。

汇水分区一　年有效径流总量控制率及年污染去除率计算表　　　表 4-2

单位：容积，m^3；面积，m^2。

序号	控制类型	下垫面类型	下垫面面积	综合雨量径流系数	年径流总控制率	滞留设施			实际年径流总量控制率	年污染去除率
						2小时下渗量	设施蓄水深度	实际控制容积		
1	生物滞留设施控制区域	车行道	11246	0.90	70%	49.95	0.25	239.23	74.62%	55.97%
2		生物滞留带	991	1.00						
3	自然控制区域	透水铺装	8270	0.15	85%	/	/	/	85.00%	68.00%
4	不受控	车行道	0	0.90	10%	/	/	/	10.00%	5.50%
	合计		20507	0.60					78.81%	60.82%

注：年径流总量控制率70%，对应的设计降雨量为18.1mm。

汇水分区二　年有效径流总量控制率及年污染去除率计算表　　　表 4-3

单位：降雨量，mm；容积，m^3；面积，m^2。

序号	控制类型	下垫面类型	下垫面面积	综合雨量径流系数	年径流总控制率	滞留设施			实际年径流总量控制率	年污染去除率
						2小时下渗量	设施蓄水深度	实际控制容积		
1	生物滞留设施控制区域	车行道	1822	0.90	70%	10.18	0.25	48.76	79.75%	59.82%
2		生物滞留带	202	1.00						
3	自然控制区域	透水铺装	2237	0.15	85%	/	/	/	85.00%	68.00%
4	不受控	车行道	2300	0.90	10%	/	/	/	10.00%	5.50%
	合计		6561	0.65					57.09%	43.57%

注：年径流总量控制率70%，对应的设计降雨量为18.1mm。

汇水分区三　年有效径流总量控制率及年污染去除率计算表　　　表 4-4

单位：降雨量，mm；容积，m^3；面积，m^2。

序号	控制类型	下垫面类型	下垫面面积	综合雨量径流系数	年径流总控制率	滞留设施			实际年径流总量控制率	年污染去除率
						2小时下渗量	设施蓄水深度	实际控制容积		
1	生物滞留设施控制区域	车行道	17432	0.90	70%	54.94	0.25	263.13	65.68%	49.26%
2		生物滞留带	1090	1.00						
3	自然控制区域	透水铺装	3316	0.15	85%	/	/	/	85.00%	68.00%
4	不受控	车行道	0	0.90	10%	/	/	/	10.00%	5.50%
	合计		21838	0.79					68.61%	52.11%

注：年径流总量控制率70%，对应的设计降雨量为18.1mm。

4.3.6.2 预评价情况

为保障本项目海绵城市建设效果，依据重庆市《海绵城市建设项目评价标准》(DBJ50/T-365-2020)及重庆市《建设工程海绵城市建设效果专项评估技术指南（试行）》对本项目海绵城市设计进行设计预评估（表4-5）。

海绵城市建设项目技术指标一览表　　表4-5

序号	指标项		单位	设计值
1	下凹式绿地率	下凹式绿地面积	m^2	2283
		绿地面积	m^2	2283
		下凹式绿地占绿地比例	%	100
2	透水铺装率	透水硬质铺装面积	m^2	13823
		硬质铺装面积	m^2	13823
		透水硬质铺装占硬质铺装比例	%	100
3	绿色屋顶率	绿色屋顶面积	m^2	/
		可绿化屋顶面积	m^2	/
		绿色屋顶占可绿化屋顶比例	%	/
4	受控的不透水下垫面率	受控的不透水下垫面面积	m^2	30500
		不透水下垫面面积	m^2	32800
		受控的不透水下垫面面积占不透水下垫面面积比列	%	93

评价指标均由控制项、评分项和加分项组成，其控制项为必须满足的要求（表4-6）；评分项为技术措施要求（表4-7～表4-9）；加分项是为鼓励海绵城市建设项目采用值得推广的海绵相关技术而设定（表4-10）。

评分具体方法如下：

(1)每类评价对象评分项满分为100分，加分项满分为10分。

(2)每类评价对象的总得分按下式计算：

$$S=W_1+W_2+W_3+W_4$$

式中：S——评价对象的总得分；

W_1——场地与环境评分项的得分；

W_2——LID设施评分项的得分；

W_3——运行维护评分项的得分；

W_4——加分项的得分。

(3)LID设施(W_2)的得分按下式计算：

$$W_2=(\sum A_j/\sum B_j)\times C_2$$

式中：W_2——LID设施的得分；

C_2——LID设施评分项的总分值；

A_j——LID设施参评项的实际得分；

B_j——LID设施参评项的总分值。

（4）场地与环境（W_1）、运行维护（W_3）及加分项（W_4）的得分按参评项所得分值累加求和而得，并计入总得分中。

（5）每类评价对象的评分项中带“( )”的评价分值表示该评价要点得分为其中之一，不能累加。

本评估对该道路工程施工图设计进行设计预评估。施工部分评价要点（如：2.21、2.19）需海绵设施建设完成后现场核查评价，该部分评价得分暂未计入本次评估总得分。

海绵城市建设项目（道路与广场）评分表 **表4-6**

（一 控制项）

条款序号	评价要点	评价条文	满足	不满足
1.1	海绵指标满足相关要求	建筑与小区的海绵指标符合海绵城市专项规划或海绵城市相关设计规范及标准的要求	√	
1.2	场地内不产生内涝积水	1 合理竖向布置，保证LID设施前的排水设施、LID设施溢流口、溢流排出管与城市雨水管渠衔接，有利于雨水的收集和排放	√	
		2 LID设施的溢流装置，排水能力不小于设计重现期计算流量的1.5倍	√	
1.3	雨水入渗不影响结构安全	1 雨水入渗不对道路路面及路基、市政管线基础的强度和稳定性造成破坏	√	
		2 雨水入渗不对周围建筑物、桥墩、边坡、支挡等结构的安全性能造成破坏	√	
1.4	防止敏感水域被事故时产生的地面径流污染	城市道路经过或穿越水源地及重要卫生防护区时，设置雨水应急处理及储存措施，控制事故时产生的径流污染	/	
1.5	危险区域设置防护措施和警示标识	开放水体、下凹式绿地、雨水调蓄池等可能对人身安全造成影响的区域，设有安全防护措施和安全警示标识	√	
1.6	LID设施材料、工艺满足要求	场地内LID设施等技术和工艺满足现行国家及地方建设领域禁止、限制使用落后技术的要求	√	

场地与环境 表4-7

（二 评分项）

<table>
<tr><th>条款序号</th><th>评价要点</th><th colspan="2">评价条文</th><th>评价材料</th><th>评价分值</th><th>总分</th><th>得分</th></tr>
<tr><td rowspan="2">2.1</td><td rowspan="2">合理提高海绵城市建设控制指标</td><td>1 年径流总量控制率</td><td>年径流总量控制率实际设计指标高于规划指标的3%</td><td rowspan="2">海绵城市专项规划或相关规划中地块的海绵规划指标、施工图设计文件（包括设计变更文件）中海绵设计指标</td><td>1</td><td rowspan="2">2</td><td rowspan="2">1</td></tr>
<tr><td>2 年径流污染物总量削减率</td><td>年径流污染物总量削减率实际设计指标高于规划指标的3%</td><td>1</td></tr>
<tr><td>2.2</td><td>单个容积式LID设施服务范围年径流总量控制率合理</td><td colspan="2">单个容积式LID设施服务范围年径流总量控制率不低于项目年径流总量控制率的85%</td><td>海绵城市施工图设计文件（包括设计变更文件）中容积式LID设施服务范围的年径流总量控制率</td><td>3</td><td>3</td><td>3</td></tr>
<tr><td>2.3</td><td>合理设置源头绿色设施</td><td colspan="2">采用生物滞留设施、透水铺装、植草沟、生态停车场等源头绿色设施</td><td>海绵城市施工图设计文件（包括设计变更文件）中LID设施分布图</td><td>4</td><td>4</td><td>4</td></tr>
<tr><td rowspan="3">2.4</td><td rowspan="3">引导不透水下垫面径流进入LID设施进行控制</td><td colspan="2">1 场地内≥60%的不透水下垫面径流受LID设施控制</td><td rowspan="3">海绵城市施工图设计文件（包括设计变更文件）中雨水径流组织图、LID设施的服务范围图、LID设施计算表</td><td>（3）</td><td rowspan="3">9</td><td rowspan="3">3</td></tr>
<tr><td colspan="2">2 场地内≥70%的不透水下垫面径流受LID设施控制</td><td>（6）</td></tr>
<tr><td colspan="2">3 场地内≥80%的不透水下垫面径流受LID设施控制</td><td>（9）</td></tr>
<tr><td rowspan="4">2.5</td><td rowspan="4">合理设置透水铺装</td><td>1 人行道</td><td>道路人行道硬质铺装中透水铺装的比例达到100%</td><td rowspan="4">海绵城市施工图设计文件（包括设计变更文件）中透水铺装计算表</td><td>9</td><td rowspan="4">9</td><td rowspan="4">9</td></tr>
<tr><td rowspan="3">2 广场</td><td>1）广场硬质铺装中透水铺装的比例达到≥20%</td><td>（3）</td></tr>
<tr><td>2）广场硬质铺装中透水铺装的比例达到≥30%</td><td>（6）</td></tr>
<tr><td>3）广场硬质铺装中透水铺装的比例达到≥40%</td><td>（9）</td></tr>
<tr><td rowspan="3">2.6</td><td rowspan="3">LID设施不影响市政设施使用维护</td><td colspan="2">1 LID设施的布置不得影响市政管线敷设、维护、检修</td><td rowspan="3">海绵城市施工图设计文件（包括设计变更文件）中管线或其他市政设施的平面布置图及相关说明</td><td>1</td><td rowspan="3">3</td><td rowspan="3">3</td></tr>
<tr><td colspan="2">2 LID设施的布置不得影响配电箱、充电桩、消火栓等市政基础设施的正常使用与维护</td><td>1</td></tr>
<tr><td colspan="2">3 LID设施的布置应避让地下通道、桥墩等结构物并不得影响其结构安全</td><td>1</td></tr>
</table>

续表

条款序号	评价要点	评价条文	评价材料	评价分值	总分	得分
2.7	对立交范围雨水进行合理管控	1 根据地形特点，选择立交范围内绿地合理设置LID设施	海绵城市施工图设计文件（包括设计变更文件）中立交范围内雨水的管控说明	1	4	/
		2 立交雨水消能后引入LID设施		1		
		3 立交范围≥80%不透水下垫面雨水引入LID设施进行控制		2		
2.8	对高架路面和桥面雨水进行合理管控	城市高架路面和桥面雨水消能后引入地面LID设施	海绵城市施工图设计文件（包括设计变更文件）中对于高架路面和桥面雨水的管控说明	4	4	/
2.9	LID设施与场地景观相适应	1 LID设施与整体环境景观相协调，成为造景元素	海绵城市施工图设计文件（包括设计变更文件）中沉砂井、挡水堰的相关说明，海绵植物设计说明、植物清单表、相关图纸	1	6	3
		2 LID设施植物配置，乔灌草比例搭配合理，色彩、质感搭配良好，季相变化丰富		2		
		3 LID设施内沉砂池、挡水堰的造型与景观有机结合，与周边植物搭配合理		1		
		4 LID设施豁口与路沿石造型结合且布置均匀		1		
		5 LID设施内的植物选择及种植和施工图文件一致		1		
2.10	LID设施设置科普标识标牌	LID设施设置科普解说等标识标牌，起到科普教育等功能	科普解说等相关资料	1	1	/

LID设施　　表4-8

条款序号	评价要点	评价条文		评价材料	评价分值	总分	得分
2.11	采用生物滞留带进行径流控制	1 合理设置各构造层	1）蓄水层≤300mm，溢流水位上有≥100mm超高，当场地坡度＞2%时，采用阶梯式布置方式保证调蓄容积	海绵城市施工图设计文件（包括设计变更文件）中生物滞留带大样图，海绵植物设计说明、图纸、植物清单表，隐蔽工程影像记录，海绵设施质量验收记录表，土壤渗透系数测试影像资料及测试结果文件	1	11	10
			2）覆盖层厚度≥50mm，表土不裸露		1		
			3）种植土层厚度≥300mm，不含垃圾		2		

续表

条款序号	评价要点	评价条文		评价材料	评价分值	总分	得分
2.11	采用生物滞留带进行径流控制	1 合理设置各构造层	4）在种植土层下部设置透水土工布或厚度≥100mm的砂层	海绵城市施工图设计文件（包括设计变更文件）中生物滞留带大样图，海绵植物设计说明、图纸、植物清单表，隐蔽工程影像记录，海绵设施质量验收记录表，土壤渗透系数测试影像资料及测试结果文件	1	11	10
			5）排水层厚度≥200mm，能有效导排		1		
			6）设有水位观察口，并有防止异物进入的措施		0.5		
			7）存水区排空时间为8～24h		1		
		2 合理设置进水口	1）进水区设置消能、沉砂、防止滋生蚊蝇等措施		1		
			2）城市道路采用路沿石豁口方式引导雨水进入生物滞留带，豁口处路面低于周边路面5cm		1		
		3 合理搭配植物	1）进水区植物具有耐冲刷性，蓄水区植物具有耐淹、抗污、抗旱性，耐淹能力与设计排空时间相符		0.5		
			2）以自然群落为主，乔灌草比例搭配合理，色彩感观较好，季相变化丰富，具有良好的景观效果		1		
2.12	采用雨水花园进行径流控制	1 合理设置各构造层	1）蓄水层≤300mm，溢流水位上有≥100mm超高，当场地坡度＞2%时，采用阶梯式布置方式保证调蓄容积	海绵城市施工图设计文件（包括设计变更文件）中雨水花园大样图，海绵植物设计说明、图纸、植物清单表，隐蔽工程影像记录，海绵设施质量验收记录表，土壤渗透系数测试影像资料及测试结果文件	1	11	/
			2）覆盖层厚度≥50mm，表土不裸露		1		
			3）种植土层厚度≥300mm，不含垃圾		2		
			4）在种植土层下部设置透水土工布或厚度≥100mm的砂层		1		
			5）排水层厚度≥200mm，能有效导排		1		

续表

条款序号	评价要点	评价条文		评价材料	评价分值	总分	得分
2.12	采用雨水花园进行径流控制	1 合理设置各构造层	6）设有水位观察口，并有防止异物进入的措施	海绵城市施工图设计文件（包括设计变更文件）中雨水花园大样图，海绵植物设计说明、图纸、植物清单表，隐蔽工程影像记录，海绵设施质量验收记录表，土壤渗透系数测试影像资料及测试结果文件	1		
			7）存水区排空时间为8～24h		1		
		2 合理设置进水口	进水区设置消能措施		1		
		3 合理搭配植物	1）进水区植物具有耐冲刷性，蓄水区植物具有耐淹、抗污、抗旱性，耐淹能力与设计排空时间相符		1		
			2）以自然群落为主，乔灌草比例搭配合理，色彩感观较好，季相变化丰富，具有良好的景观效果		1		
2.13	采用透水铺装进行径流控制	1 合理设置各构造层	1）表面完整且平整	海绵城市施工图设计文件（包括设计变更文件）中透水铺装大样图、下垫面分析图，隐蔽工程影像记录，海绵设施质量验收记录表，渗透系数测试影像资料及测试结果文件	0.5	10	10
			2）面层采用透水砖时厚度≥50mm；采用透水混凝土时，用于人行道其厚度≥80mm，用于车行道其厚度≥180mm；采用透水沥青时其厚度≥80mm		3		
			3）透水基层厚度≥150mm		2		
			4）透水垫层厚度≥150mm		1		
			5）综合渗透系数满足设计及现行规范要求		2		
		2 合理设置进出水口	1）设置防客水进入措施		0.5		
			2）透水垫层或透水基层内设穿孔排水管（穿孔率≥1%），穿孔排水管有可靠出路；下层及土基均满足透水要求		1		

续表

条款序号	评价要点	评价条文		评价材料	评价分值	总分	得分
2.14	采用植草沟进行径流控制	1 合理设置构造	1）边坡坡度≤1:2，纵坡坡度≤4%，坡度＞3%时，中途设置消能台坎	海绵城市施工图设计文件（包括设计变更文件）中植草沟大样图、海绵植物设计说明、图纸等，隐蔽工程影像记录	0.5	4	/
			2）末端沟深≤0.4m，平均深度≤0.3m		0.5		
			3）沟渠表面平整、密实，沟渠平面尺寸、底面标高符合设计要求		0.5		
		2 合理设置进出水口	1）进水端设置消能措施		0.5		
			2）出水位置与周边排水设施平顺衔接		1		
		3 合理搭配植物	1）覆盖层草皮或较矮地被植物，高度在100～200mm		0.5		
			2）植草沟内土壤无裸露，具有良好的景观效果		0.5		
2.15	采用雨水调蓄池进行径流控制	1 采用绿色设施预处理	径流进入调蓄池前，先经绿色设施预处理，绿色设施规模能控制服务范围不透水地面降雨厚度≥8mm的径流体积	海绵城市施工图设计文件（包括设计变更文件）中雨水调蓄池平面布置图、大样图、雨水资源利用计算表，雨水回用系统水质检测报告	2.5	5	/
		2 设施有效容积满足要求	调蓄池有效容积大于其服务范围的径流体积扣除绿色设施控制的径流体积后得到的容积		0.5		
		3 合理采用雨水回用技术	1）采用自动化控制雨水收集回用系统，回用于绿化灌溉、道路浇洒、冲厕用水、景观水体补水、循环冷却水补水等		1.5		
			2）收集雨水经处理后水质满足所需回用水水质要求		0.5		
2.16	合理设置生态停车场	1 停车区域构造由上到下分别为面层、找平层、透水基层、渗排管、土基层		海绵城市施工图设计文件（包括设计变更文件）下垫面分析图、生态停车场大样图，隐蔽工程影像记录、海绵设施质量验收记录表，渗透系数测试影像资料及测试结果文件	1	9	/

续表

条款序号	评价要点	评价条文	评价材料	评价分值	总分	得分
2.16	合理设置生态停车场	2 面层采用嵌草砖或植草格，植草区种植土厚度≥50mm	海绵城市施工图设计文件（包括设计变更文件）下垫面分析图、生态停车场大样图，隐蔽工程影像记录、海绵设施质量验收记录表，渗透系数测试影像资料及测试结果文件	2	9	/
		3 找平层具有透水性，厚度≥30mm		1		
		4 透水基层采用级配碎石或透水混凝土，厚度≥150mm		2		
		5 透水基层内设穿孔管，开孔率≥1%		1		
		6 综合渗透系数满足设计及现行规范要求		2		

运行维护　　表4-9

条款序号	评价要点	评价条文	评价材料	评价分值	总分	得分
2.17	设计和施工文件中提出LID设施运维相关要求	1 设计文件中明确LID设施运维技术操作规定	海绵城市施工图设计文件（包括设计变更文件）、施工文件中关于LID设施运维的相关说明及要求	1	2	2
		2 施工文件中制定施工过程中及施工完成后LID设施保护措施		1		
2.18	现场检查LID设施的安全措施	1 LID设施周边场地环境易于维护且无安全隐患	—	0.5	1	/
		2 LID设施的安全防护设施完好无损坏		0.5		
2.19	现场核查LID设施相关情况	1 LID设施进水口（路沿石豁口）、溢流口、格栅等的无异物堵塞，进口处沉沙区有卫生防疫措施	—	0.5	2	/
		2 透水铺装无堵塞物，地面无垃圾等，生态停车场无明显凹陷		0.5		
		3 各类植物存活且长势较好		0.5		
		4 土壤有一定湿度且有覆盖物		0.5		

（三　加分项）　　表4-10

条款序号	评价要点	评价条文	评价材料	评价分值	总分	得分
3.1	采用四新技术	实施过程中采用通过鉴定的新技术、新工艺、新材料、新设备，并有实际效果	四新技术论证报告、四新技术应用证明文件	2	2	/

续表

条款序号	评价要点	评价条文	评价材料	评价分值	总分	得分
3.2	建立监测系统	雨水管线的出口和典型设施的监测点位处安装在线流量计与在线水质监测仪，且设备能正常运行	监测方案、监测设施安装图、监测设备运行维护记录表、监测数据分析文件	2	2	/
3.3	维持景观水体平衡	新建的景观水体维持生态系统自我平衡，保持水体自我净化	景观水体项目施工图设计文件（包括设计变更文件）、景观水体水质检测报告	2	2	/
3.4	建立信息化系统	建立信息化管理LID设施的系统	信息化管理系统设计方案	2	2	/
3.5	鼓励透水铺装广泛应用	城市机动车道在满足道路安全的前提下，采用透水混凝土路面或透水沥青路面	路面设计文件、安全性能测试报告、透水铺装渗透系数测试报告	2	2	/

本次得分情况如下：

①场地与环境（W_1）得分26分；

②LID设施（W_2）得分：（$\sum A_j/\sum B_j$）$\times C_2$=（20/21）×50=47.6分；

③运行维护（W_3）得分2分；

④加分项（W_4）得分0分；

总分$S=W_1+W_2+W_3+W_4=26+47.6+2+0=75.6$分，自评估合格。

4.3.6.3 建设现状情况

2022年竣工至今，已建成的海绵设施功能完好，有效地起到了源头控制雨水径流污染、净化水质、缓排道路雨水的作用（图4-54）。

图4-54 海绵设施现状照片

4.4

镇江市龙门港路海绵型道路改造工程

4.4.1 项目概况

4.4.1.1 项目地点

本项目位于江苏省镇江市润州区。龙门港路是镇江南徐分区规划的一条东西向城市支路，位于镇江润扬大桥桥头地区。

4.4.1.2 项目规模

本项目设计路段全长约1366.2m，红线宽度24m（含规划7.0m宽的景观绿地），道路两侧规划用地以公园绿地为主，还有部分为工业区和居住区。

4.4.2 现状分析

4.4.2.1 场地现状

龙门港路为改建道路，原道路宽度约11.5m，为简易泥结碎石路面。路南侧全线有一道供电杆线，路北侧为跃进河，河道宽度约10～16m，河道南岸有高大的水杉，长势良好（图4-55、图4-56）。

图4-55　场地现状图1

图4-56 场地现状图2

项目所在地区地势相对平整，场地现状标高约3.0～4.4m。规划道路南侧大桥公园已基本建设完成。道路路段中有润扬大桥上跨，桥梁上跨净空很大，对项目建设不会产生影响，但原道路边的架空电杆在新建道路红线范围内。

4.4.2.2 土壤与地下水

勘察线路地形基本平坦，最大高差约1.5m，地貌单元属长江河漫滩。场地土层主要包含淤泥、淤泥质粉质黏土、淤泥质粉质黏土夹粉砂、粉质黏土、粉质黏土夹粗砂、强风化岩。地下水丰富，稳定水位埋深0.68～1.33m。土壤渗透性较差，渗透能力最高的淤泥质粉质黏土的渗透系数只有5.0×10^{-5}cm/s。

4.4.3 建设目标

本项目雨水源头控制系统按年径流总量控制率不低于80%，对应的设计降雨量为28.3mm，年雨水径流污染物削减率（以年TSS去除率计）不低于60%。

内涝防治系统标准：遭遇30年一遇降雨时，至少1条车道的积水深度不超过15cm。

4.4.4 方案设计

4.4.4.1 下垫面分析

龙门港路的下垫面类型包括透水沥青路面、透水混凝土铺装、绿地3类，其中道路北侧的透水沥青路面面积为7960m^2，透水混凝土铺装的面积为3723m^2，北侧绿地（不含低影响开发设施）的面积5180m²。道路南侧的透水沥青路面面积为8920m²，透水混凝土铺装的面积为2532m²。参考《海绵城市建设技术指南（试行）》中各类型下垫面雨量径流系数取值，透水沥青路面的径流系数取0.4，透水混凝土铺装的径流系数取0.3，绿地的径流系数取0.15，采用加权平均法分别计算道路南、北两侧的综合雨量径流系数，得到道路北侧的综合雨量径流系数为0.30，道路南侧的综合雨量径流系数为0.38。详细计算过程参见表4-11，龙门港路的综合雨量径流系数为0.33。

龙门港路下垫面情况 **表4-11**

编号	下垫面类别	面积A（m²）	百分比η（%）	径流系数φ
1	透水沥青路面	16880	59.6	0.4
2	透水混凝土铺装	6255	22.1	0.3
3	绿地	5180	18.3	0.15
合计		28315	100	0.33

4.4.4.2 汇水分区

根据道路竖向分析，龙门港路红线范围内有3个低点，位于桩号K0+120、K0+500、K0+1280。竖向设计见图，设计中根据“高—低—高”方式，将龙门港路分为3个汇水分区（图4-57）。

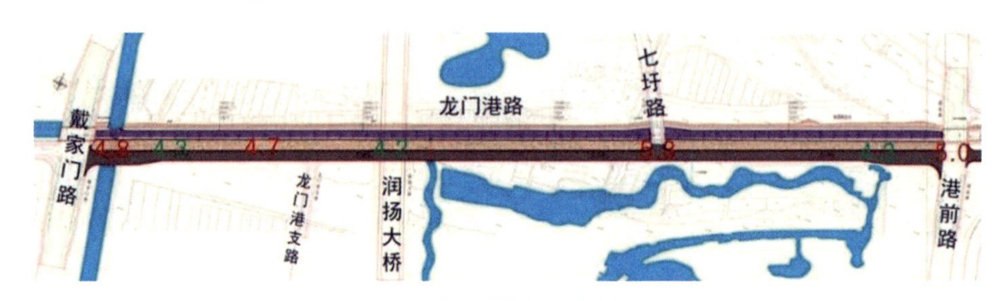

图4-57 道路竖向分析

4.4.4.3 系统设计

龙门港路海绵城市LID技术流程见图4-58。

通过竖向设置，道路雨水径流原地入渗，经盲管收集排入植草沟；超过渗透能力的雨水顺地表坡度自流进入植草沟（图4-59～图4-61）。

植草沟在传输径流的同时继续下渗，利用土壤及植物进一步降解道路雨水径流中的污染物，减少进入跃进河的面源污染。

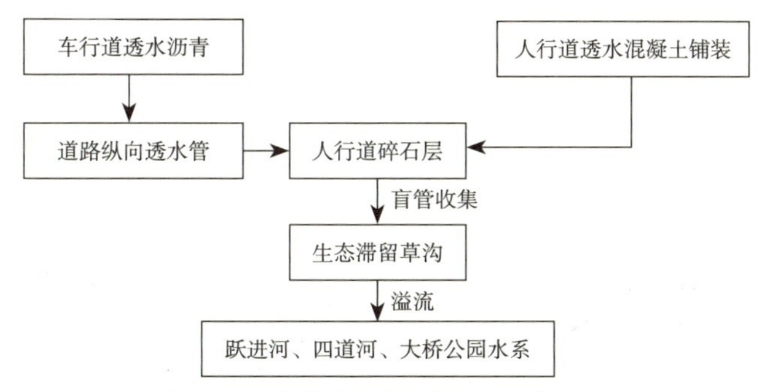

图4-58　龙门港路海绵城市LID技术流程

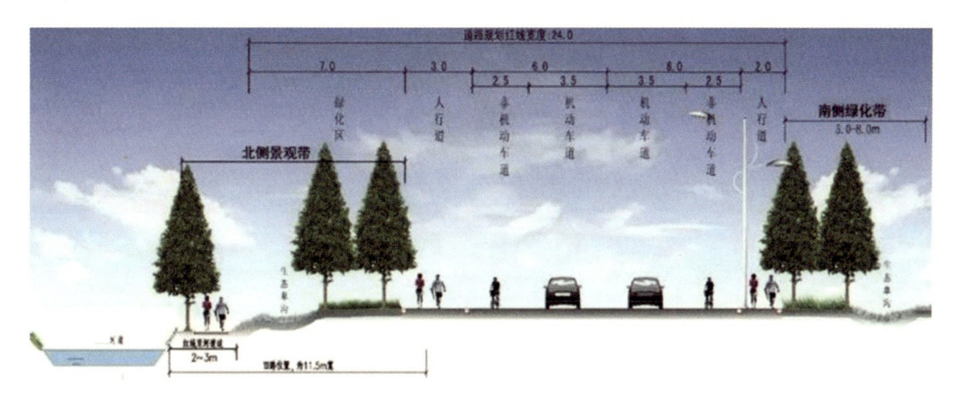

图4-59　龙门港路LID设计横断面布置

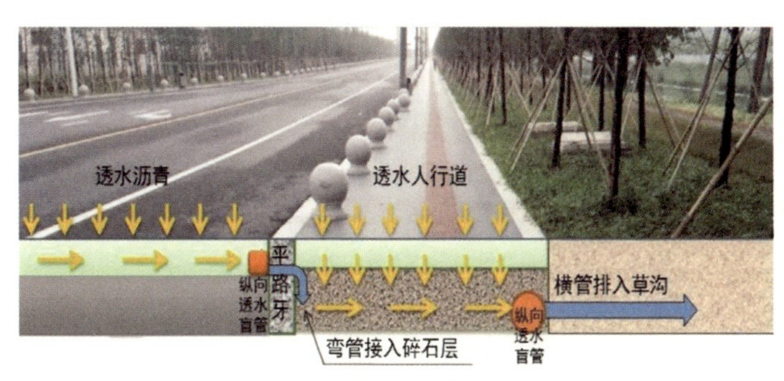

图4-60　龙门港路LID设计横断面纵抛图

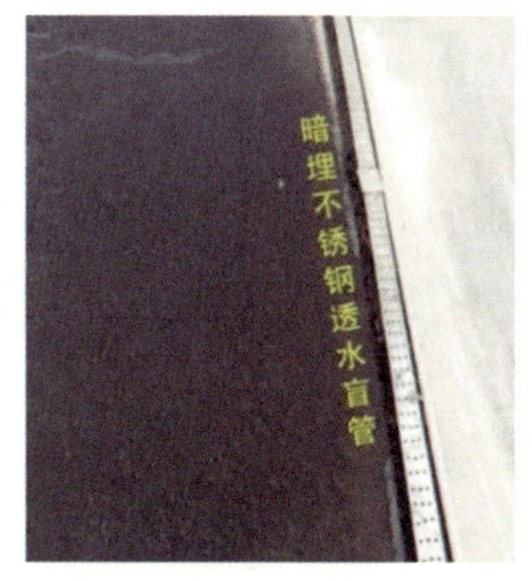

图4-61　路面雨水排放形式图

防涝系统：龙门港路道路竖向共3个低点，位于桩号K0+120、K0+500、K0+1280。路面涝水随道路纵坡在这3个低点处汇集，并沿横坡流入两侧绿地中的植草沟，涝水在此滞、蓄、消能、沉淀后，北侧涝水最终顺坡流入跃进河水系。南侧涝水在桩号K0+120附近向西转输至四道河，在桩号K0+500、K0+1280由植草沟转输至大桥公园生态水系（图4-62）。

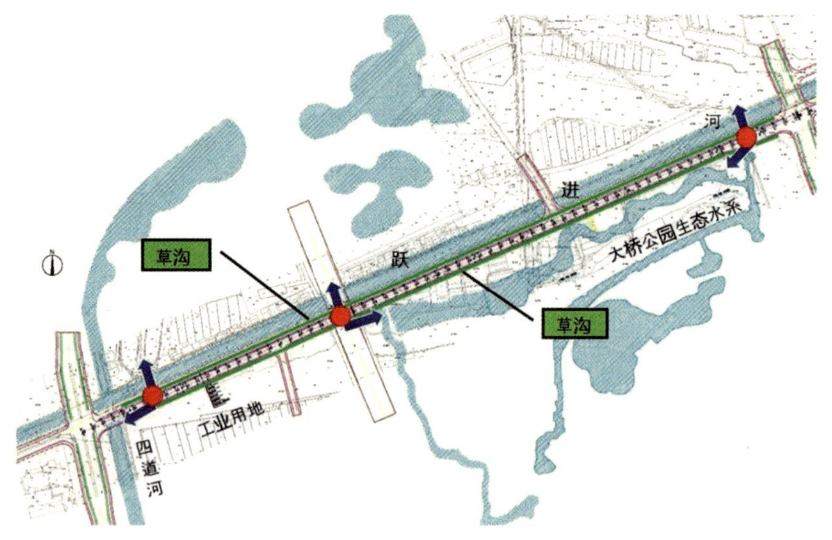

图4-62 龙门港路涝水排放

4.4.5 典型设施

4.4.5.1 透水沥青路面

道路行车道结构采用透水沥青路面。包括4cm厚的透水沥青上面层、0.6cm厚的封层、7cm厚的下面层以及基层、底基层。

行车道边全线暗埋纵向透水盲管。为提高透水盲管的抗压性能，盲管设计采用不锈钢方管穿孔透水的形式。暴雨时行车道及人行道来不及下渗的雨水径流通过平路牙由地表排向道路外侧，经绿地缓冲区后进入植草沟内，最终溢流入河（表4-12、图4-63）。

路面结构　　表4-12

自然区划	Ⅳ区	
地质概况	①-2层素填土；②-2层淤泥质粉质黏土；②-3层粉质黏土	
干湿类型	中湿以上	
设计弯沉值（1/100mm）	28	
适用范围	行车道	人行道

续表

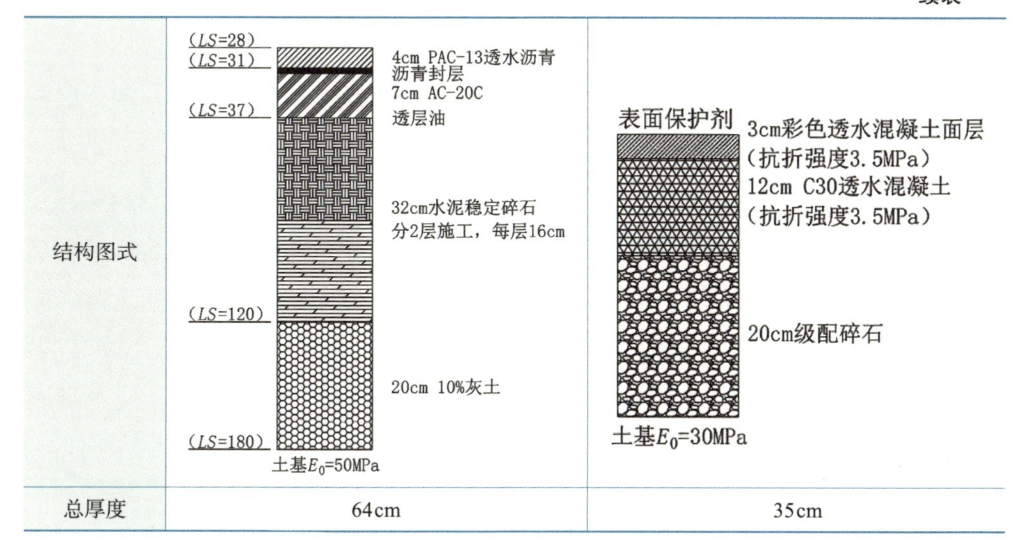

结构图式		
总厚度	64cm	35cm

图4-63 路面雨水径流地表排放

4.4.5.2 透水混凝土铺装

道路人行道结构采用透水混凝土铺装。人行道路面结构：①透水罩面；②5cm青灰色透水混凝土面层；③10cm透水混凝土基层；④20cm级配碎石透水底基层。

4.4.5.3 植草沟

植草沟主要布置在道路南、北两侧绿地内，其结构分为换填层、碎石层两部分。

植草沟的换填土层采用种植土，要求其渗透率不小于8.4mm/h；碎石层粒径30～50mm，其中设置管径FH100的软式透水盲管，遇树木或现状构筑物处可适当弯曲。换填土层与碎石层间的土工膜采用无纺土工布分隔，防止种植土落入碎石层。

为保证人行道碎石层的水排入，草沟底低于人行道边缘30cm，低于道路中心线标高约45cm。种植土层仅为25cm，满足草本植物的种植需求（图4-64、图4-65）。

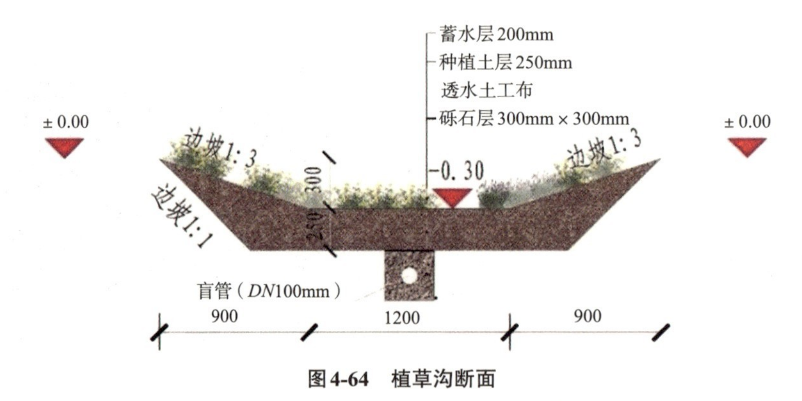

图4-64　植草沟断面

图4-65　植草沟

植草沟内间隔一定距离设置汀步，既方便绿道与城市道路的连接，又不影响植草沟过水。

4.4.5.4 溢流雨水井

道路北侧植草沟设置溢流井，盲管收集的雨水最终排到跃进河。

位于道路南侧植草沟内的溢流雨水井井盖采用圆形镂空雨水井盖，溢流井周围应散铺卵石，起到沉淀杂质，缓冲径流的作用（图4-66）。

图4-66　植草沟内的溢流雨水井

4.5

珠海市机场东路美化绿化提升工程

4.5.1 项目概况

4.5.1.1 项目地点

机场东路美化绿化提升项目位于珠海市金湾区机场东路。起点为金湾立交泥湾门大桥，终点为珠海机场海滩路口，项目范围包括沿机场东路靠沿泥湾门水系侧带状滨水空间（图4-67）。

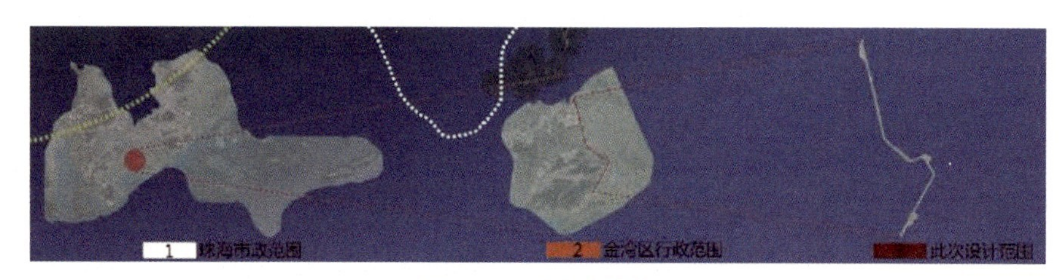

图4-67　区域位置图

4.5.1.2 项目规模

项目分两期建设，一期工程范围是沿机场东路东侧海堤一号闸至海堤三号闸间滨海岸线，设计长度6.4km，设计面积34.547hm^2。剩余海堤三号闸至珠海机场海滩路口为二期工程范围（图4-68）。

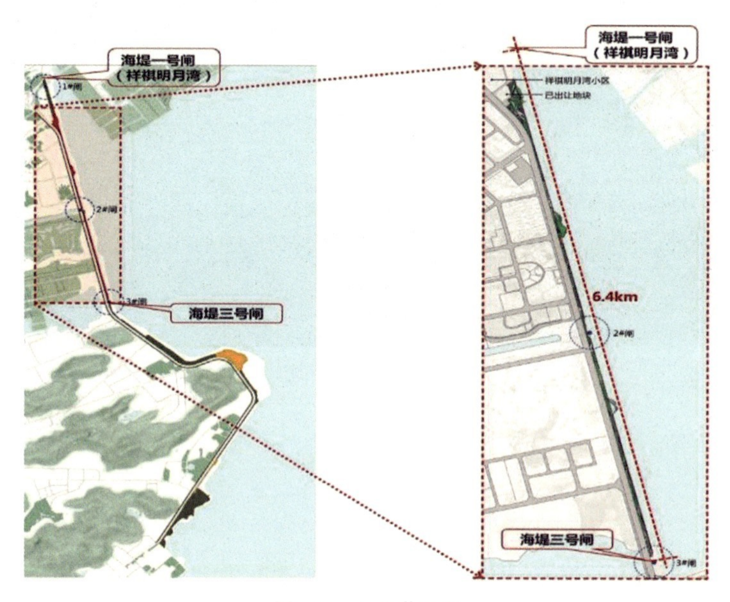

图4-68　工程范围图

本项目为带状空间，断面范围为机场东路机动车道边至海堤边，宽度约30～120m（图4-69）。

图4-69　断面范围图

4.5.1.3 建设投资

本项目建设一期投资约55300万元。

4.5.2 建设目标

沿滨海道路形成宽阔连续的绿林带并完善道路配套设施，构建世界级滨水休闲景观带，提高城市品位与抵御自然灾害的能力，展现珠海现代滨海城市魅力和形象（图4-70）。

（a）情侣路—东部城区　　（b）情侣路—西部城区

图4-70　东部城区情侣路和西部城区情侣路线位对比图

4.5.3 方案设计

4.5.3.1 设计目标

（1）景观更新赋能城市更新与发展；

（2）塑造城市空港门户形象；

（3）打造蓝绿共融的城市滨水空间；

（4）提供多样休闲体验，焕发城市活力。

4.5.3.2 设计概念

结合珠海市水网纵横、山海相交的自然地形及蜿蜒的自然岸线，传达出机场东路强烈的动感与生命力。

4.5.3.3 景观分区

结合场地地势，营造风景宜人的休闲活动空间，以体育活动和休闲体验为主要目标，公园分为乐活公园区、运动活力区和生态体验区。

1.乐活公园区

乐活公园区毗邻居住区，重点突出休闲氛围，设置游客中心，乐活广场、观演广场等各类集散空间和广场，满足市民社交需求（图4-71）。

图4-71　乐活公园区

2.运动活力区

运动活力区充分利用现状沙滩，创建各类沙滩排球、篮球、亲子乐园等各类运动场地，表达活力主题（图4-72）。

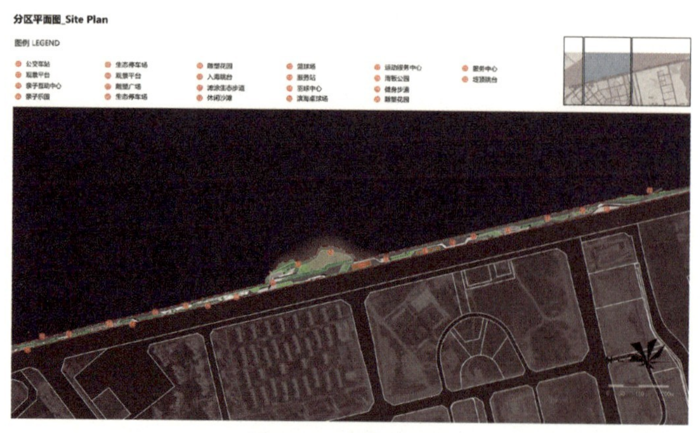

图4-72　运动活力区

3.生态体验区

生态体验区充分利用场地低洼地势解决机场东路排水问题，设置雨水花园、景观栈道、生态雨水渠等景观设施，打造蓝绿交织的生态体验空间（图4-73）。

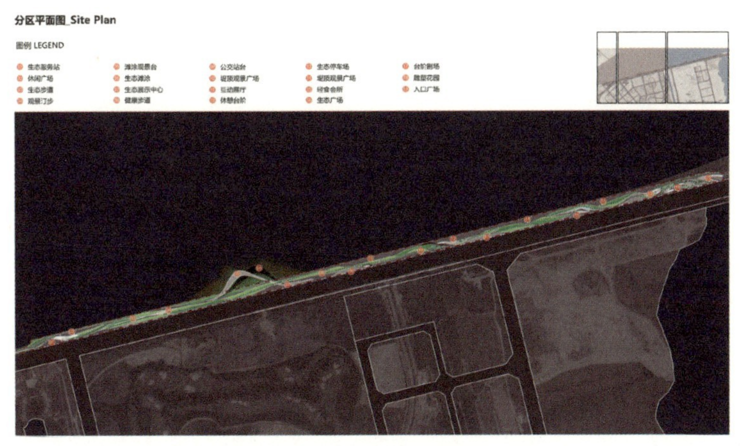

图4-73　生态体验区

4.5.4 典型设施

4.5.4.1 健康步道体系

结合珠海市园林局《健康步道专项规划》，打造珠海首个落地健康步道体系，本项目健康步道包括：海堤边6m宽漫步道、2m宽跑步道和2m宽绿道贯穿金湾情侣路，总长度6400m（图4-74）。

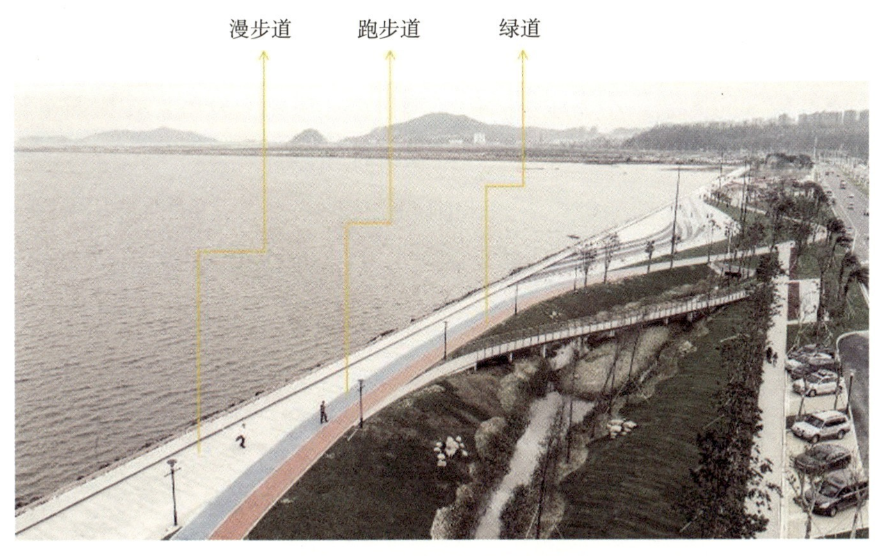

图4-74　健康步道体系实景图

4.5.4.2 海绵城市应用

本项目综合运用雨水花园、透水铺装、调蓄池、传输型植草沟等多种LID措施，成为珠海市海绵城市示范区第一个大型落地项目，海绵建设目标如下：

（1）年径流总量控制率≥70%；

（2）TSS去除率≥50%；

（3）内涝标准不低于30年一遇。

海绵城市措施如下：

在场地宽阔，且地势较低的绿地区域内布置雨水花园，雨水花园不仅作为景观观赏空间，暴雨时还可起到调蓄错峰作用，降低场地及机场东路区域洪涝风险（图4-75）。

图4-75　雨水花园

人流量较大的区域，比如球场、广场等区域，下垫面较脏，在四周布置滞留式植草沟，对场地的雨水净化后再汇入雨水系统内。

雨水调蓄池布置在雨水渠一侧，具体位置根据场地空间及回水利用需要布置，对汇水分区内雨水进行调蓄控制，储存的雨水可作为附近建筑及绿地浇灌用水。

绿道和跑步道贯穿场地，绵延6km的透水铺装，打造出独具海绵特质的生态滨海公园。

4.5.4.3 生态排洪渠

传统排洪渠是钢筋混凝土修筑的构筑物，虽满足功能性要求，但景观性差。本项目利用现状低洼地势，结合雨水花园打造生态排洪渠，解决机场东路沿线雨水排放问题，将机场东路雨水引流至生态排洪渠，生态排洪渠汇集雨水形成雨水花园，多余雨水则溢流至海堤闸口排放（图4-76）。

图4-76　生态排洪渠

4.5.4.4 泛光照明专项设计

注重夜间景观，针对不同功能分区在节点区域增设灯光艺术装置，结合智能灯具搭配不同功能模块，提高互动性和活跃度（图4-77）。

图4-77　泛光照明设计

4.5.4.5 防灾减灾

本项目位于海边，设计之初特别考虑海边易受台风影响，无论是植物品种选择还是施工标准均充分考虑风害，根据现场统计，台风“山竹”后，绿化苗木存活率90%以上，达到《珠海市园林绿化防灾标准》。

4.5.4.6 精细化设计

结合场地区位、项目设计理念，针对平时容易忽视的井盖、变电箱等元素进行精细化设计，表达项目主题（图4-78）。

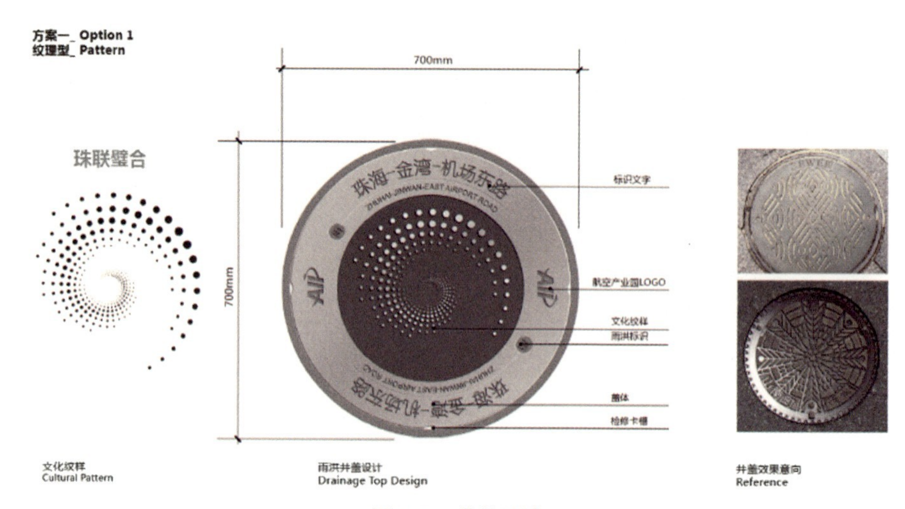

图4-78 井盖设计

4.6 天津市洞庭路立交海绵化改造示范工程

4.6.1 项目概况

4.6.1.1 项目地点

本项目位于解放南路地块最南端，是天津外环线上跨洞庭路的大型立体交通枢纽工程。

4.6.1.2 项目规模

本工程桥区面积9700m^2，道路面积4300m^2，绿地面积88000m^2（图4-79）。

图4-79 洞庭路立交实况图

4.6.2 现状分析

(1)桥区雨水径流污染严重;

(2)立交桥桥区排水集中，对排水管网冲击负荷大;

(3)外环线两侧桥头存在积水问题。

4.6.3 建设目标

结合高架桥排水特点及利用桥区周边绿地面积较大的优势，本工程考虑采用具有蓄水、净水功能的蓄水模块将高架桥雨水排水立管断接，同时结合桥区周边绿地景观提升设置下凹式绿地、植草沟、干塘等多种具有调蓄功能的海绵措施，以实现消减地表径流峰值流量、控制面源污染的目的。

4.6.4 设计方案

本工程在立交桥桥区及匝道共设置蓄水模块63个，改造高位消能花坛170m^2;在立交桥周边绿地共设置下凹式绿地6700m^2、植草沟3800m、干塘3600m^2，弃流井10个(表4-13、图4-80～图4-82)。

各技术手段应用统计 表4-13

技术手段	数量
蓄水模块	63个
高位消能花坛	170m²
弃流井	10个
下沉式绿地	6700m²
植草沟	3800m
干塘	3600m²

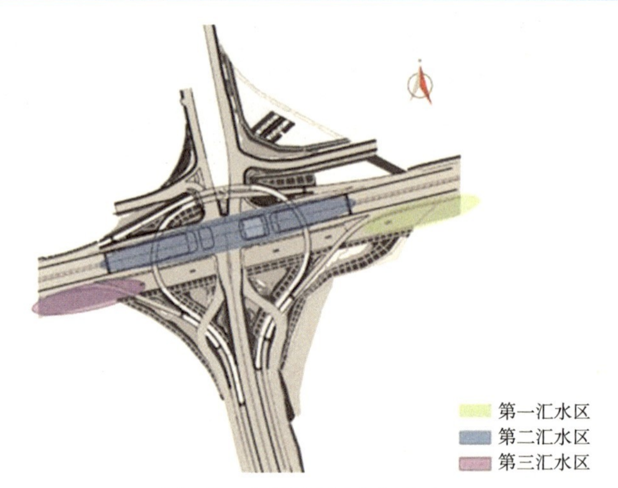

图4-80 主线桥区汇水分区图

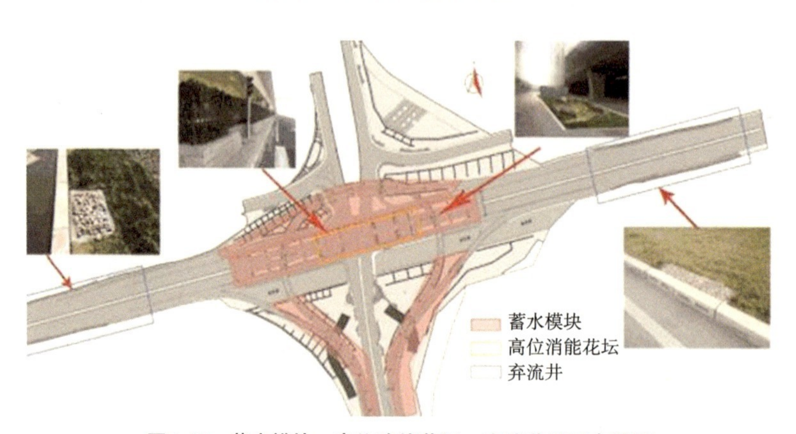

图4-81 蓄水模块、高位消能花坛、弃流井平面布置图

改造完成后，总调蓄容积量3050m³，年径流总量控制率达到75%，径流污染控制率65%，综合径流系数0.24。

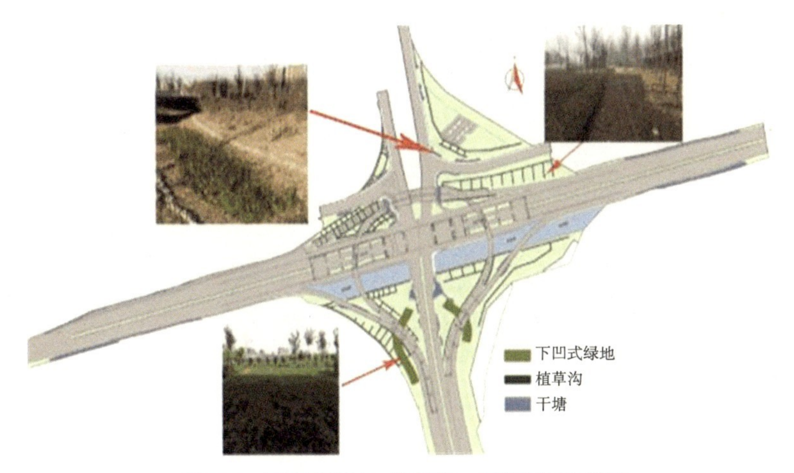

图4-82　下凹式绿地、植草沟、干塘平面布置图

4.6.5 典型设施

采用蓄保水基材及钢丝网围制的蓄水模块对高架桥雨水排水立管进行断接（图4-83），雨水先经过蓄水模块蓄水和过滤后再排放，既有效地解决了雨水径流污染问题，又起到一定的蓄水功能，同时蓄水模块内的雨水在非雨季蒸发缓释后，可增大周边空气湿度，缓解周边热岛效应。

将桥下现状种植池改造为高位消能花坛，通过在排水立管上设置的三通及阀门实现雨水净化、利用的组合（图4-84）。

采用干塘与弃流井的组合布置（图4-85），有效解决桥头积水问题。利用桥

图4-83　改造前实景图

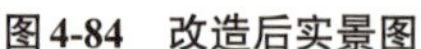

图4-84　改造后实景图

图4-85　干塘与弃流井的组合布置

头现状绿地，通过侧石开孔将辅道雨水引入桥头两侧绿地内设置的干塘，通过生态设施进行“蓄、滞”，干塘内设置弃流井，将初期雨水弃流，以免污染绿地。

结合桥区周边绿地改造，建设下凹式绿地、植草沟、干塘等措施，将绿地及周边道路内的雨水通过生态设施进行渗、滞、蓄的处理，实现雨水的有序排放，缓解立交桥桥区排水对周边雨水管网的冲击负荷。

4.6.6 建设成效

本工程应用新型蓄保水基材对立交桥排水立管进行断接，并结合适当的绿地改造，对立交桥桥区及周边绿地进行海绵化改造，对解决大城市立交桥区雨水径流污染、提高雨水年径流总量控制率进行了探索，具有较强的推广利用价值（图4-86）。

（a）改造前 （b）改造后

图4-86 改造前后效果对比图

第5章

海绵城市水体治理应用案例

- 合肥市南淝河初期雨水截留调蓄工程
- 南京市鼓楼区西北护城河水质提升工程
- 镇江市沿金山湖多功能大口径管道系统工程
- 池州市合流制溢流污染治理工程
- 镇江市小米山路及虹桥港水体治理工程

海绵城市水体治理工程通过截留调蓄、溢流污染控制、水生态修复等多个维度，实现项目区域的雨水溢流污染治理、内涝防治风险提高及黑臭水体治理等。本书列举了我国不同城市的具有代表性的海绵城市水体治理工程项目，包括合肥市南淝河初期雨水截留调蓄工程、南京市鼓楼区西北护城河水质提升工程、镇江市沿金山湖多功能大口径管道系统工程、池州市合流制溢流污染治理工程、镇江市小米山路及虹桥港水体治理工程。

5.1 合肥市南淝河初期雨水截留调蓄工程

5.1.1 项目概况

瑶海区南淝河干流雨水系统服务面积约22.6km^2，含2个雨水子分区，位于南淝河中游左岸低排区和南淝河下游左岸汇水区。

5.1.2 现状分析

规划广德路以西均属于泵排区，现状排口共31个，重点排口有双河、胜利路、凤凰桥、矿机、池郢、唐桥、桥东、红旗、枞阳路及陆小郢泵站共10座泵站排口，其中矿机和池郢2座泵站已进行初期雨水截留，剩余的8座泵站排口的年溢流污染负荷占南淝河城区段全年溢流污染负荷（COD）比重为28.53%。

5.1.3 建设目标

南淝河初期雨水截流调蓄工程主要包括三大目标：

5.1.3.1 突出溢流污染控制，减少全年平均溢流频次

针对瑶海区南淝河干流现状主要污染负荷集中的重点排口，新建截流管道和调蓄池控制溢流污染，经过模型模拟确定唐桥泵站服务范围8mm和红旗、枞阳路及陆小郢泵站服务范围5mm截流标准，全年溢流污染控制率约40%。

5.1.3.2 实现智慧水务管理，构建1套高效便捷管控体系

本工程通过采用智能化截流井、自动化检测系统、调度指挥系统等建设智慧水务信息化系统，构建一套高效便捷的管控体系，以实现截流调蓄系统的集中控制和防洪排涝的智能调度，达到智慧水务管理的目标。

5.1.3.3 要满足整体环境协调，打造1座生态活力雨水花园

调蓄池结构采用地下式，能够充分利用地下空间。本工程中调蓄池的建设十分重视功能分区、除臭措施、建筑景观与周边城市环境的协调，以满足城市规划对片区环境的整体要求。

5.1.4 方案设计

5.1.4.1 上游管网完善

1.史家河路污水管网完善

史家河路新建d500污水管，为淮南小区、兴苑小区内部改造提供市政接口，接入长江东路的市政污水管道，新建管道末端高程9.00m，长江东路的市政污水井井底高程8.72m，满足接入条件（图5-1）。

2.安美商业街污水管网完善

在安美商业街（长江东大街以北）雨水箱涵位于东侧商铺，尺寸为5000mm×2800mm，埋深约3.3m。

经现场踏勘及物探资料显示，安美商业街（长江东大街以北）未建设污水管，本次新建d500污水管，接入长江东大街d400现状污水管，新建管道末端高程9.232m，现状污水管管底高程9.090m，满足接入条件，污水最终接入铜陵路污水泵站，进入王小郢污水处理厂，为地块分流改造预留条件，确保地块分流后有污水出路。

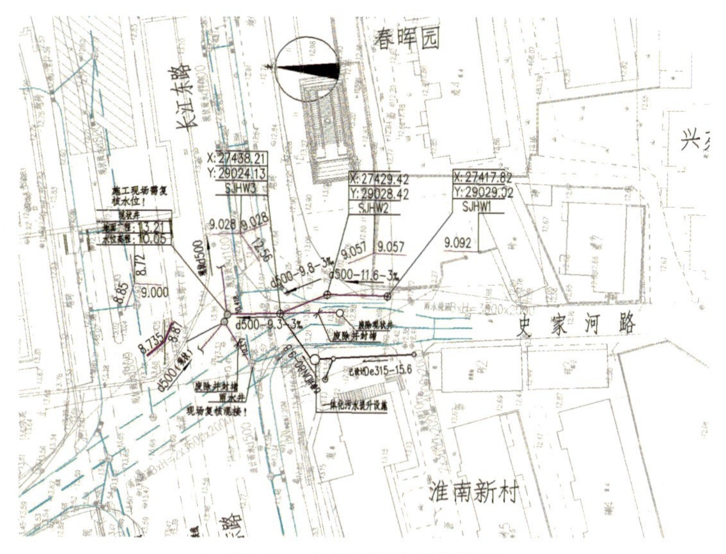

图5-1　史家河混接改造详图

安美商业街（长江东大街以南）段道路宽6m，基本被5000mm×2800mm雨水箱涵占据，本次在安美商业街（长江东大街以南）西侧支路，新建d500污水管，向南接入大通路现状d400污水主干管。新建管道末端高程9.564m，现状污水管管底高程9.196m，满足接入条件。合流污水近期接入污水管，原管道保留，为远期地块雨污分流改造预留条件（图5-2～图5-4）。

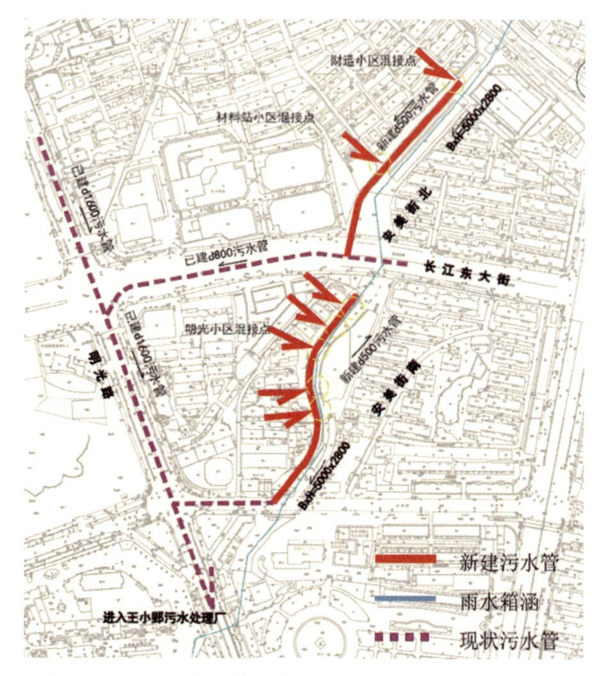

图5-2　安美商业街污水管网完善系统图

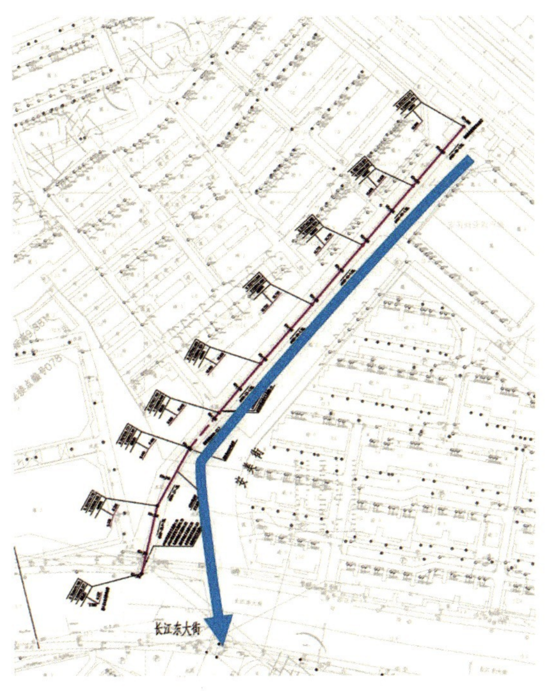

图5-3　安美商业街（长江东大街以北）混接改造详图

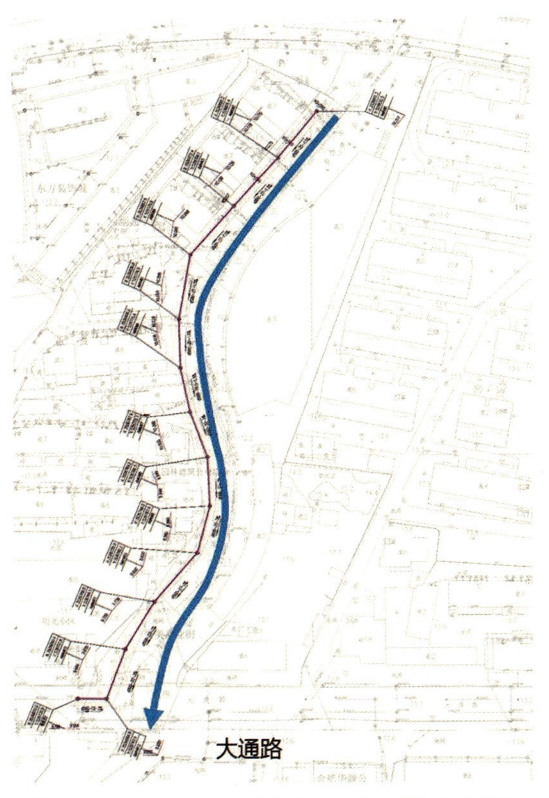

图5-4　安美商业街（长江东大街以南）混接改造详图

5.1.4.2 中游初期雨水截留调蓄系统

1.截留管道及截留井布置

根据截流水量数据，可分别计算得出各排口截流管的设计管径及坡度，设计截流管管径为d2000～d3000。

本项目沿南淝河布置截流管道，截流管道西起合肥市第五十五中学（截流唐桥泵站进水渠进水），东至现状陆小郢泵站（截流陆小郢排涝泵站进水），截流管管径为d2000～d3000。经泵站提升后排入调蓄站。截流管道施工采用顶管施工的方式，截流管道系统图见图5-5。

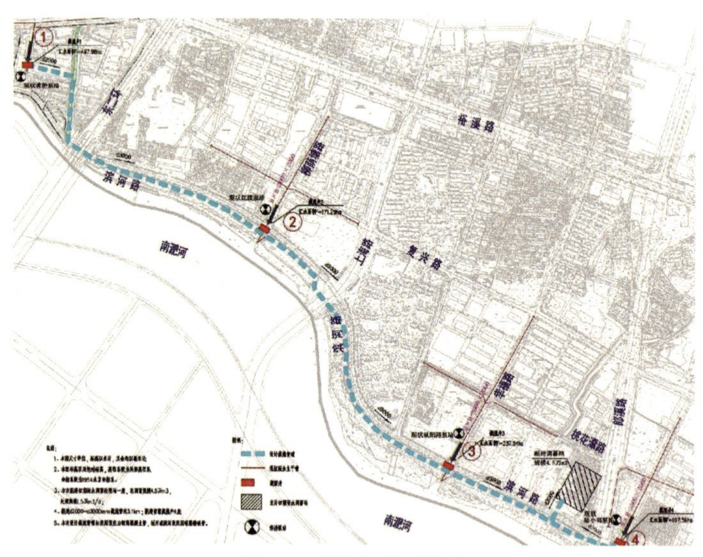

图5-5　截流管道系统图

2.截留井设计

在唐桥泵站进水渠、红旗泵站自排箱涵、枞阳路泵站自排箱涵及陆小郢泵站自排水箱涵分别新建一座截流井，对现状4个排口进行截流。唐桥泵站明渠处截流井至工作井为机械顶管，于现状明渠处开挖新建截流井。红旗泵站、枞阳路泵站及陆小郢泵站自排箱涵处截流井与工作井为人工顶管，于现状自排箱涵处支护开挖新建截流井。

（1）唐桥泵站截留井

唐桥泵站进水明渠尺寸为6.5m×4.0m，明渠涵底标高为7.570m。

唐桥泵站截流井布置于唐桥泵站进水渠末端，尺寸为6500mm×4000mm，底标高为7.570m。施工时于进水渠末端开槽，并于侧壁开孔，工作井机械顶管至现状明渠侧壁。截流管管径为d2000，截流管底标高为5.570m，于截流井内设置限流控制阀（图5-6、图5-7）。

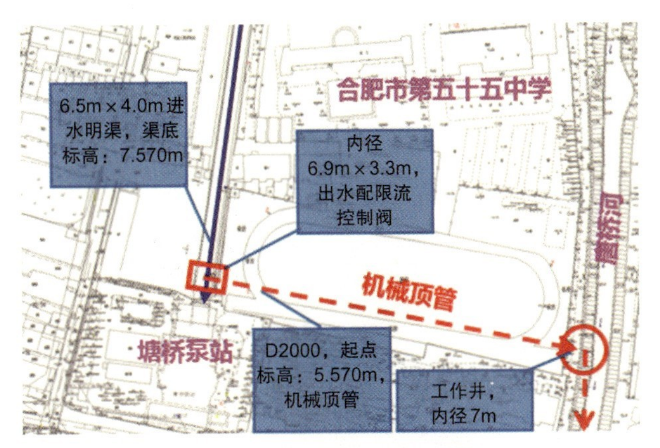

图5-6　唐桥泵站截流点总平面图

图5-7　唐桥泵站截留点现状

（2）红旗泵站截留井

红旗泵站自排箱涵尺寸为3.0m×2.0m，明渠涵底标高为8.907m。

红旗泵站截流井布置于红旗泵站自排箱涵处，尺寸为3000mm×2000mm，底标高为8.907m。施工时于自排箱涵处开槽，并于侧壁开孔，工作井人工顶管至截流井侧壁。截流管管径为d2000，截流管底标高为6.907m，于截流井内设置限流控制阀。截流主管道标高0.300m，须穿现状红旗泵站压力排口箱涵和自排箱涵。压力涵底标高8.850m，自排涵底标高8.907m（图5-8、图5-9）。

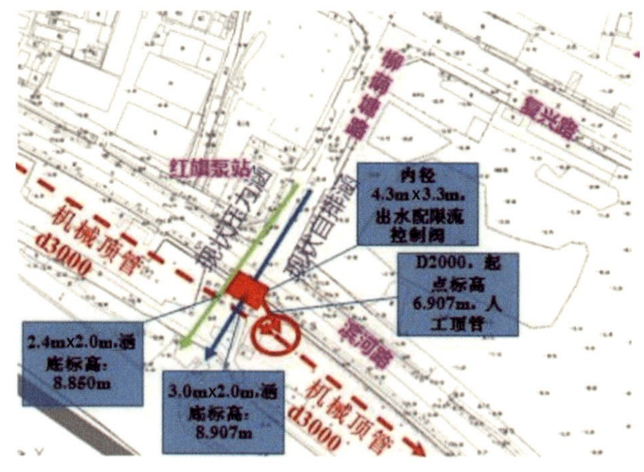

图5-8　红旗泵站截流点总体布置

图5-9　红旗泵站截流点现状

（3）枞阳路泵站截留井

枞阳路泵站自排箱涵尺寸为3.8m×2.0m，明渠涵底标高为6.688m。

枞阳路泵站截流井布置于枞阳路泵站自排箱涵处，尺寸为3800mm×2000mm，底标高为6.688m。施工时于自排箱涵处开槽，并于侧壁开孔，工作井人工顶管至截流井侧壁。截流管管径为d2000，截流管底标高为4.688m，于截流井内设置限流控制阀。主截流管道标高-0.800m，须穿现状枞阳路泵站压力排口箱涵和自排箱涵。压力涵底标高6.895m，自排涵底标高6.676m（图5-10、图5-11）。

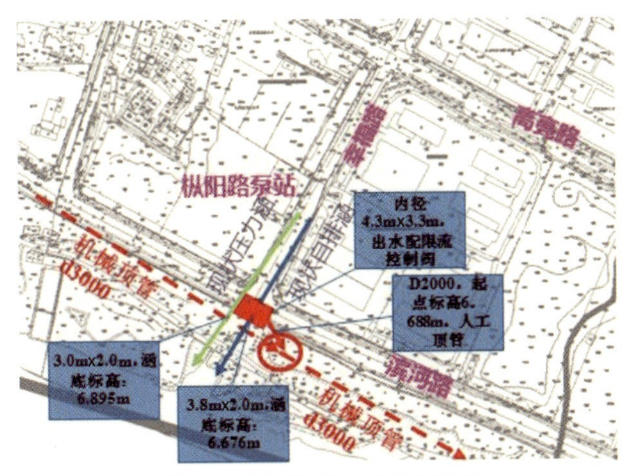

图5-10　枞阳路截流点总体布置图

图5-11　枞阳路截流点现状

（4）陆小郢泵站截流井

陆小郢泵站自排箱涵尺寸为3.8m×2.0m，明渠涵底标高为6.540m。

陆小郢泵站截流井布置于陆小郢泵站自排箱涵处，尺寸为3800mm×2000mm，底标高为6.540m。施工时于自排箱涵处开槽，并于侧壁开孔，工作井人工顶管至截流井侧壁。截流管管径为d2000，截流管底标高为4.540m，于截流井内设置限流控制阀。主截流管道标高4.000m，穿现状陆小郢泵站压力排口箱涵。压力涵底标高8.940m（图5-12、图5-13）。

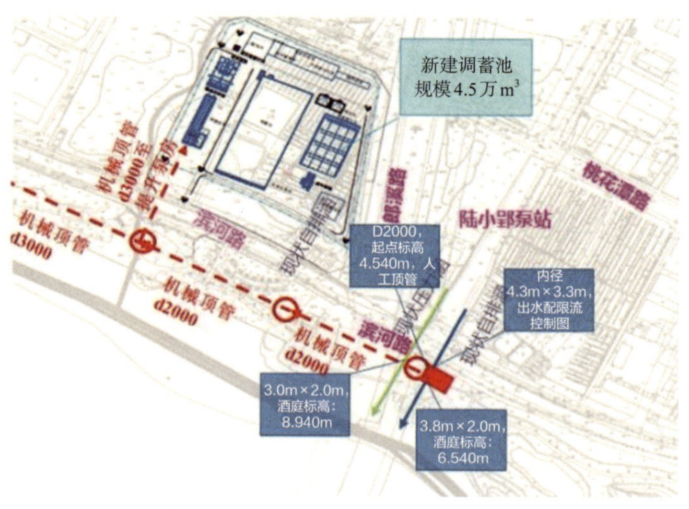

图5-12　陆小郢泵站截流点总体布置图

图5-13　陆小郢泵站截流点现状

3.截留管道施工方案

本工程截流管道顶管工作井采用圆形工作井，当d=2000mm时，工作井内径7m，接收井内径5m；当d=3000mm时，工作井内径8.5m，接收井内径6.5m。顶管工作井、接收井均采用现浇钢筋混凝土沉井结构，不排水下沉、水下封底。为尽可能减小顶管井在下沉过程中对周围建筑物的影响，在靠建筑物较近的沉井外侧可先加做一圈水泥搅拌桩作为隔水帷幕及挡土结构。

截流管道在顶管穿越东二环高架承台外侧时，管壁外侧距离高架承台最近距离约4m。截流管道在顶管穿越上海路高架承台外侧时，管壁外侧距离高架承台最近距离约10m，前一工作井壁距离南淝河防洪墙5.0m。为了确保高架桥及防洪墙不受影响，本项目考虑在顶管顶进前，先在顶进线路靠近承台范围内采用双排高压旋喷桩进行桩侧土体加固，总宽度约30m，深度从管顶以上4.0m至管底以下4.0m，以减小顶进过程中土体对承台的挤压效应。同时，本项目管道与普通的顶管管道相比，在F型接头处采用双道橡胶密封圈，在内壁再增加一道不锈钢板止水，采用双保险防止管道渗漏发生，确保该段主干管的正常运行。

本段顶管施工难度较大，施工过程中重点控制以下方面：

（1）优选顶管掘进机

采用大刀盘泥水平衡或土压平衡机头。

（2）通过试顶进优化顶进参数

在穿越铜陵路高架前，应合理选定施工参数，严格控制顶进速度，严格控制出土量，穿越施工过程中再根据监测情况及时进行施工参数的调整。

（3）采取合理施工措施

做好触变泥浆压浆控制：在顶管管节外壁与土层之间形成良好性能的触变泥浆套，不仅可使顶进阻力成倍地下降，而且对控制地表沉降、减少土体的扰动有很好效果。

加强施工测量，严格控制顶进姿态：顶管姿态取决于顶进测量的精度和纠偏的效果。顶进时做到勤测勤纠，一旦发现偏转趋势就进行纠偏，及时调整顶进姿态。

加强监测，信息化施工：施工时对穿越处采取严密的监测措施，根据监测数据及时调整施工工艺，发现不良情况及时采取应急措施，以保证高架的安全。

（4）重视穿越后施工措施

顶管施工结束以后，对于穿越高架段及时用迟凝泥浆置换原有的触变浆液，或对触变泥浆进行固化。施工结束后，应对高架段进行跟踪监测，施工监测将持续到顶进施工后1～2个月，并做好后期注浆加固，直到沉降基本稳定为止。

5.1.4.3 调蓄站设计

1.设计水量与水质

（1）调蓄规模：总调蓄规模为4.5万m^3；其中截流调蓄管调蓄1.5万m^3、调蓄池调蓄3.0万m^3。

（2）处理规模：1.5万m^3/d（合625m^3/h）。

（3）设计进水水质（表5-1）。

设计进水水质 表5-1

指标	数值
COD	≤200mg/L
氨氮（NH_3-N）	≤15mg/L
总磷（TP）	≤3.5mg/L

（4）设计出水水质（表5-2）。

设计出水水质 表5-2

指标	数值
COD	≤40mg/L
氨氮（NH_3-N）	≤2.0mg/L
总磷（TP）	≤0.3mg/L

2.工艺流程

（1）预处理工艺：采用粗格栅+隔油沉砂池+细格栅

为了达到出水水质的要求，更好地去除原污水中固体悬浮物、浮油及泥沙，降低污泥中的无机物含量，利于后续工段运行，同时便于后期维护管理，本工程采用“粗格栅+隔油沉砂池+细格栅”。

（2）污水处理工艺：采用高效沉淀+接触氧化+过滤

为适应进水水质、水量变化的冲击，工艺有可调性，本工程采用加微砂的高效沉淀池、接触氧化工艺及过滤。

（3）污泥处理工艺：采用板框浓缩工艺将含水率99.2%～99.3%污泥通过压滤方法将含水率降低到60%以下。

则本工程确定的污水、污泥工艺流程如图5-14所示。

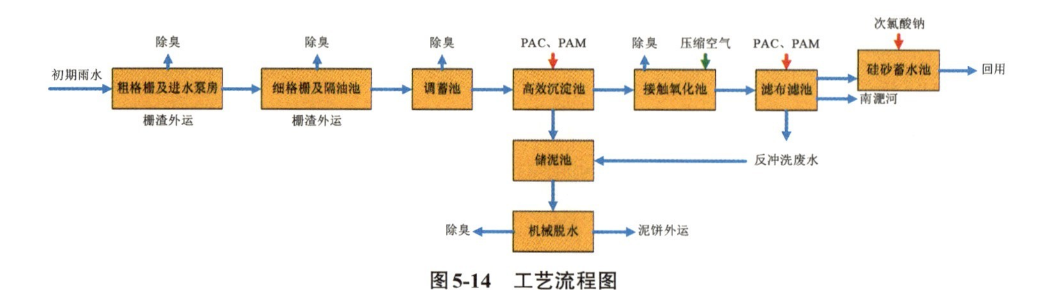

图5-14 工艺流程图

3.调蓄池运行方式

初期雨水调蓄池在使用的过程中按照一定的基本模式运行，除遇到紧急情况，调蓄池需要进行适当的运行调整外，调蓄池运行基本模式为晴天模式、注水模式、满池模式、出水及放空模式和冲洗模式。调蓄池通过启闭阀门和水泵来变换其运行方式。

（1）晴天模式

晴天模式不使用调蓄池时，关闭调蓄池进水闸门。该模式在晴天状况下，根据调蓄池的实际需求，进行排空、清洗或者维修等操作，是所有初雨雨水泵站调蓄池必不可少的运行模式。

（2）注水模式

注水模式按照受控水位运行。降雨时，调蓄池收集来自地表的初期雨水，雨水通过管道进入调蓄池内，当前池液位升高至1.00m时，开启粗格栅，同时开启进水提升泵，使得雨水进入后续构筑物。

（3）满池模式

满池模式调蓄池在水位达到一定高度时，关闭调蓄池进水泵，同时关闭粗格栅。

（4）出水及放空模式

出水及放空阀均采用水泵提升方式。检测调蓄池内液位到达9.10m时，开启出水泵，将调蓄池内的初期雨水输送到后续处理构筑物。

（5）冲洗模式

该模式利用真空泵，对调蓄池内沉积的杂物进行冲洗。冲洗泥水最终流入泵坑，由潜水排污泵排入后续处理构筑物，泵坑底部沉积的污泥通过泵排入储泥池。

（6）处理单元维护

初期雨水调蓄处理站在非降雨时期可引入旱季污水保持生物处理系统活性。通过控制进水水质和流量，模拟待处理的初期雨水工况，满足初雨处理时的连续性，同时通过提高生物处理段的停留时间，增大抗负荷冲击能力。

（7）调蓄池后期维护

初期雨水调蓄站主要运行于降雨时期及降雨后旱季几日，在旱季时绝大部分处于闲置状态，需及时对调蓄站及截流管道进行维护。主要包括各设备的维护及截流管疏通等。

5.1.5 建设成效

经初期雨水调蓄不仅能对溢流场次、年溢流污染负荷量等进行控制，对于流溢流污染也有一定的贡献。根据南淝河流域污染源调查分析，研究区的年溢流污染负荷（COD）占南淝河城区段溢流污染负荷（COD）占比为28.53%。研究区初期雨水溢流污染负荷（COD）削减率为41.1%，故而唐桥泵站服务范围8mm和红旗、枫阳路及陆小郢泵站服务范围5mm截流标准对南淝河干流溢流污染的贡献率（COD）为11.7%。

5.2 南京市鼓楼区西北护城河水质提升工程

5.2.1 项目概况

5.2.1.1 项目地点

西北护城河位于南京市鼓楼区，起点为小桃园泵站，终点为金川门泵站。

5.2.1.2 项目规模

外秦淮河水体通过小桃园泵站自南向北进入西北护城河，北段沿郑和北路转为自北向南流向，最终经过金川门泵站的自流涵汇入金川河。在金川门外街附近，通过老金川门闸与内金川河老主流相连。全长5.66km，均宽59m，均深1.5m，总水域面积约33万m^2，总水量约60万m^3（图5-15）。

图5-15　西北护城河平面图

5.2.2 现状分析

治理前上游桃园桥透明度低于10cm，中山北路附近低于50cm，全线维持较低水平，主要考核指标（NH_3-N）基本为地表水Ⅴ类，其中建宁西路桥至金川门泵站段为劣Ⅴ类。

5.2.3 建设目标

水质明显改善，主要水质指标（NH_3-N ≤ 1.5mg/L，TP ≤ 0.3mg/L，COD_{Mn} ≤ 10mg/L，DO① ≥ 3mg/L）达地表水Ⅳ类标准，水体具备一定自净功能，水下森林、水面浮叶、滨岸挺水植物相互呼应，景观优美。

5.2.4 方案设计

西北护城河工程范围河段涵盖小桃园段、绣球公园、卢龙湖及下游护城河，水域面积达33万m^2，水工条件相对复杂，不同区段受点、面源污染影响不同。为确保治理效果长期保持，以水生态修复技术为基础，综合多种生态治理手段，对河道逐级深度净化。

5.2.4.1 补水预处理

在小桃园泵站西侧空地增加净水站，解决外秦淮河补水水质混浊和透明度不高问题，有效提高下游生态补水水质。

5.2.4.2 曝气增氧

根据不同河段特点设置不同曝气设备类型，达到提升景观、控制富营养化、提升溶解氧等目的。

① DO为溶解氧。

5.2.4.3 水生态修复

种植挺水、沉水与浮水植物，达到改善水质和提升景观的效果，覆盖率控制在合理范围内。合理补充水生动物，完善生态食物链，不对原有生态造成影响。

5.2.4.4 底泥改良

投放安全性较高、无外来生物入侵影响的底泥改良剂进行底泥改良，以降低内源污染对生态修复过程造成的负面影响。

5.2.4.5 微生物投加

投放有益微生物菌种，加速水体净化，降低水体中氨氮、COD和亚硝酸盐的含量。

5.2.4.6 砾间接触氧化技术

在流速较急、水深较浅段放置一定级配的砾石或人工滤材，增大水与生物膜的接触面积，水中污染物流经填料时，通过吸附、接触沉淀、生物降解等多种机理实现净化。

5.2.4.7 点源预处理

在河道雨季溢流排口附近设置组合式生态浮岛，下方为生态围挡预处理系统，减缓污水对河道的直接污染，上方为种植水生植物的景观生态浮床，提升景观效果。

5.2.4.8 旁路预处理

增加双模智能生态净水装置，对支流汇水进行预处理，有效降低来水氨氮、COD等含量，有效解决支流汇水水质较差对项目河道造成的污染问题。

5.2.4.9 应急维护

工程调试和维护阶段增加河湖净水机器人对水面宽阔区域进行强化处理，快速提升溶解氧浓度，满足健康水生态的要求。

5.2.5 典型措施

5.2.5.1 补水预处理

西北护城河利用小桃园泵站从外秦淮河常态化引水3万m^3/d，因外秦淮河水体透明度较低，水体浊度较高，固体悬浮物含量高。为有效提高下游生态补水水质，建设与补水规模一致的净水站，对引水水质提升后输送至西北护城河。

净水站主要处理设备为高效精滤净水装置（处理规模3万m^3/d），配套取水泵房、PAC加药房、PAM加药房、污泥储存池、脱水机房等（图5-16）。

图5-16 净水站航拍图

净水站主要目标污染物为SS，设计进水SS为40mg/L，出水SS≤10mg/L。

5.2.5.2 水循环增氧系统

根据各区段特点设置不同曝气设备类型，达到提升景观、控制富营养化、提升溶解氧等目的（图5-17）。

5.2.5.3 砾间接触氧化

在绣球公园闸至兴中门桥段河床中放置一定级配的砾石或人工滤材，增大水与生物膜的接触面积，水中污染物流经填料时，通过吸附、接触沉淀、生物降解等多种机理实现净化（图5-18）。

图5-17　多类型曝气增氧设备

图5-18　砾石河床构建

5.2.5.4 水生态修复

1.沉水植物构建

沉水植物是指植株全部或大部分沉没于水下的植物，是水体生物多样性赖以维持的基础，它的恢复是水生态修复的关键，其所产生的环境效应是生态系统稳定和水环境质量改善的重要依据。它不但能构建优美的水下森林景观，而且是实现从浊水态到清水态转变的关键物种。沉水植物主要作用包括净化水质、抑制藻类生长、为水体微生物提供栖息场所等作用（图5-19）。

图5-19 沉水植物种植

2.挺水植物构建

对西北护城河亲水河岸地带，补种高度、花色不同的挺水植物。构建挺水植物不仅可以提升水域滨岸带景观，可以有效截流地面径流中泥沙等悬浮物，吸收营养物质，减少其对水体的影响，以及为各种动物提供良好的栖息地和食物，维持栖息其间的动植物群落。合理利用湿地系统，尽可能发挥滨岸带的净化能力（图5-20）。

图5-20 挺水植物带构建

3. 组合式生态浮岛构建

一个完整的生态浮岛主要包括3个部分：上方植物、下方挂膜、固定装置（图5-21）。

图5-21 组合式生态浮岛构建

上方配置水生植物，按照自然净化的规律，通过植物及其根部微生物的吸收、吸附作用，削减富营养化水体中有机质、氮、磷及有害物质，不仅可以达到净化水质的目的，同时还可营造水上景观。

下方设置生物填料，水体以一定的流速流经填料，通过填料上吸附的生物膜的吸附絮凝、氧化分解作用使水中的污染物得以去除。

本项目生态浮岛靠岸设置，采取不锈钢材质摇臂式固定方式进行浮床固定安装，设施只会随水位上下浮动，不受行洪影响。

5.2.5.5 旁路预处理

西北护城河金川门桥西侧与内金川老主流交汇，晴天内金川老主流以100～200t/h流量汇入西北护城河，雨天老金川门闸开启泄洪。内金川老主流水质不稳定，整体低于地表水V类标准，因此改善支流来水水质是必要的。本项目在内金川河老主流进入西北护城河前端设置一台旁路净水系统——双模智能生态净水装置，保障进入西北护城河水质（图5-22）。

1. 技术介绍

主体设备前端设置预处理单元，作用是对进入设备的水体进行大颗粒初步沉淀，内部分区进行曝气充氧，内部设置轻质多孔填料，使填料处于半悬浮状态，截留水中较大悬浮物、杂质，降低进水浊度。一级、三级精密快（慢）滤池采用多种微粒介质材料作为过滤系统的滤材，利用滤材的机械筛滤作用、沉淀作用和

图5-22 双模智能生态净水装置

接触絮凝作用，有效截留水体中有机物、微粒杂质、胶体，从而达到改善水质的目的。二级曝气生物滤池单元从底部进水，上部溢流出水，经过填料层时水体中的有机物被多孔填料吸附，继而被多孔填料孔洞中的一代优势微生物菌群吸收降解，底部曝气充氧，使多孔填料处于半悬浮状态，使得空气、污水和微生物之间有更多的接触机会，增强了滤池内部的传质效率，同时，定期反洗保证过滤效果，利用填料之间的碰撞使微生物膜的更新速度加快，促进微生物活性的增强。它兼有活性污泥法和生物膜法两者优点，具有常规水处理工艺无法比及的技术优势、占地优势、工程优势、成本优势和运行管理优势。

2.工艺特点

(1)生物浓度和有机负荷比较高，占地面积较小。曝气生物滤池采用的粒状填料为微生物的生长提供了更好的环境，更易于挂膜、实现稳定运行，填料表面可以保持较多的生物量。这种高浓度的微生物量使得曝气生物滤池的容积负荷增大，因而减少了池容积和占地面积，使基建费用大幅度降低。

(2)无污泥膨胀之虑，且污泥产量很低，可以降低污泥处理与处置的费用。

(3)无须污泥回流系统，易于维护与管理。

(4)可以省去二沉池。因为填料的机械截留作用、滤料表面的微生物和代谢中产生的黏性物质形成的吸附架桥作用，使得曝气生物滤池出水悬浮物浓度低，所以可省去二沉池，进而降低基建费用。

(5)工艺流程短。曝气生物滤池中自上而下形成了不同的优势菌种，合理的微生物群落结构使得除碳、硝化/反硝化能在同一个反应器中发生，简化了工艺流程。

(6)对微污染水具有很高的处理效率，出水残余细菌少。

(7)耐冲击能力强。本工艺包比传统活性污泥法更容易适应有机负荷、水力负荷、温度的变化。

5.2.5.6 河湖净水机器人

在工程调试阶段在水面宽阔区域增加河湖净水机器人，对水体进行强化处理，能够稳定改善项目河道水质（图5-23）。

图5-23　河湖净水机器人

河湖净水机器人对于前期生态恢复的作用：

（1）可以提供大量的溶解氧，快速提升溶解氧浓度，满足健康水生态的要求；

（2）满足水动力自净的动力要求，提高水体净化能力；

（3）满足水体循环要求，变主动循环为被动循环；

（4）提供水体横断面的水力流动，增强水与河床上沉水植物、微生物的接触频率，提高沉水植物、微生物净化有机物的效率。

5.2.5.7 排水预处理

在潜在排污口附近使用拦水围隔来隔离出排污口预处理带区域，对排污口排出的污水进行初步预处理，其不仅可以阻滞泥沙、悬浮物扩散，同时也可以阻滞溶解性污染物的扩散（图5-24）。

图5-24　排口预处理

5.2.6 建设成效

西北护城河治理前主要考核指标（NH_3-N）基本为地表水Ⅴ类，其中建宁路至金川门泵站段为劣Ⅴ类，经过1年的治理，目前NH_3-N指标已全线稳定达到地表水Ⅳ类标准，一度达到地表水Ⅲ类标准。

治理前桃园桥透明度低于10cm，中山北路附近低于50cm，全线维持较低水平。经过治理后，透明度全线得到提升，透明度基本稳定在1m左右。

（1）西北护城河出水口原金川门泵站检测点在治理前的NH_3-N为3～6mg/L，治理后稳定在1mg/L以下，水质稳定；

（2）水质观感大幅度提升，由原来的浑浊态变成现在透明度基本保持在1m左右；

（3）河道的自然生态得以恢复，自然净化能力大大提高；

（4）老百姓的获得感和幸福感得到极大的提升（图5-25～图5-30）。

（a）治理前　　（b）治理后

图5-25　桃园桥南侧治理前后对比

（a）治理前

（b）治理后

图5-26　兴中门桥治理前后对比

（a）治理前

（b）治理后

图5-27　中山北路附近治理前后对比

（a）治理前

（b）治理后

图5-28　卢龙湖治理前后对比

（a）治理前

（b）治理后

图5-29　小街桥治理前后对比

（a）治理前

（b）治理后

图5-30　金川门桥治理前后对比

5.3

镇江市沿金山湖多功能大口径管道系统工程

5.3.1 项目概况

5.3.1.1 项目地点

镇江市金山湖南岸（新河西岸-梦溪路）及征润州现状污水处理厂区域（图5-31）。

5.3.1.2 项目规模

（1）雨水处理站及生态湿地：预处理5万m^3/d（近期）；复合垂直流人工湿地9.6hm^2。

（2）截流主干管及附属泵站改造（包含8座竖井）：*DN*4000，*L*=6.4km，其中沿金山湖截流主干管6.2km，末端出水管0.2km。

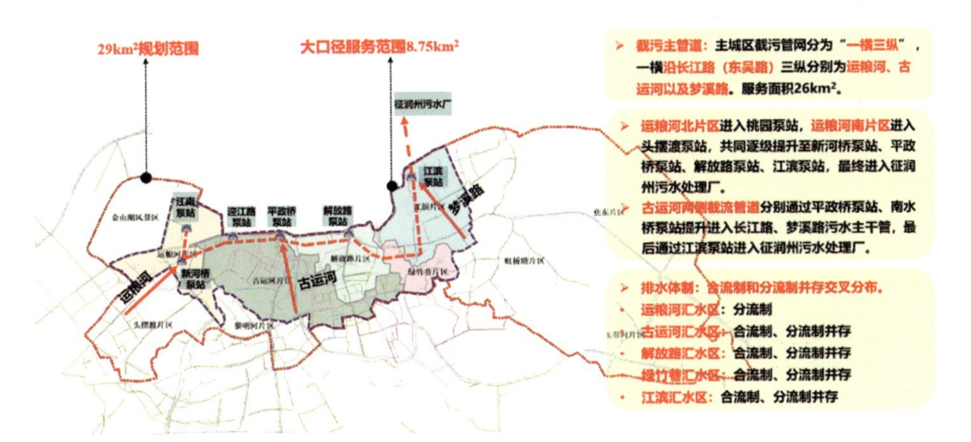

图5-31　沿金山湖多功能大口径管道系统工程范围

（3）末端多功能雨水泵站：排涝泵组30m³/s，雨水处理泵组20万m³/d（近期5万m³/d）。

（4）二级管网建设：3条，新河桥二级管道+宝塔路二级管道+绿竹巷二级管道。

5.3.1.3 建设投资

本项目建设投资约5.96亿元。

5.3.2 现状分析

5.3.2.1 排水防涝标准偏低

根据片区内内涝评估分析，在30年一遇降雨情况下，片区内积水深度超过15cm的积水区域面积较大，达到了200hm²以上。其中，在0～30min和60～120min积水时间较多，占比达到了49.5%和24.1%；积水时间超过30min的区域面积达到了100hm²。根据《城镇内涝防治技术规范》GB 51222—2017中大城市内涝防治设计重现期为30～50年，对比镇江现状排水防涝情况可知，其排水防涝标准偏低。

与此同时，近若干年实测内涝点与计算机模拟内涝点结果基本一致，30年一遇内涝点集中在长江路、东吴路沿线（图5-32）。

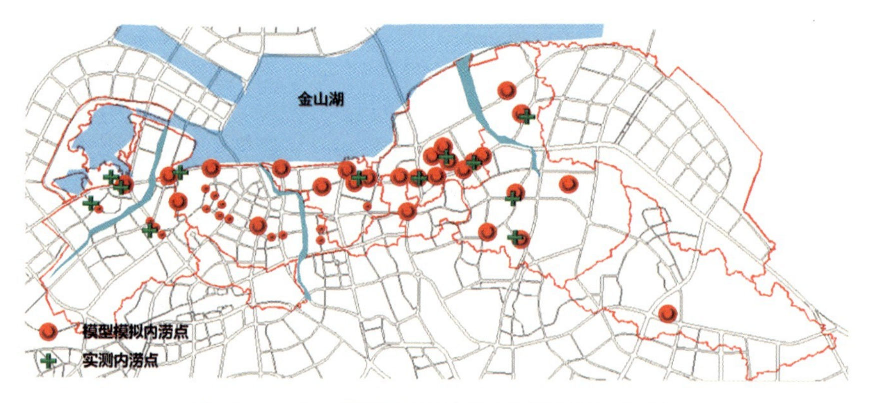

图5-32　30年一遇降雨实测内涝点与模型模拟内涝点

5.3.2.2 镇江老城区CSO溢流的问题需求

根据对镇江市面源污染和排放总量的调研结果，镇江市古运河、运粮河、虹桥港和金山湖沿线的各污染排放口在雨天向相应流域排放的污染物总量较大。沿金山湖含6个合流制排口，1个雨水排口。以解放路泵站溢流污染分析，一方面，排出因降雨形成的面源污染；另一方面，受下游截流管道输送能力的限制，造成年溢流次数和溢流量加大。根据模拟结果，排入金山湖的污染物总量为：TSS 3823.21t/a、COD 3897.67t/a、NH_3-N547.46t/a、TP 50.52t/a。雨天溢流污染已经严重影响了古运河、运粮河和金山湖等水体功能。

5.3.2.3 高密度老城区管网的错综复杂性

镇江海绵城市试点区29km^2内五大片区（8.75km^2）属于高密度老城区，排水系统复杂，合流制与分流制并存交叉分布。这种排水系统对水体水质造成三方面的污染：一是接入雨水管道的污水排放；二是合流管道雨污混合溢流排放；三是通过雨水管道的雨水径流污染，导致城市排水不能达到预期的截污率、不能实现预期的水质改善目标。

5.3.3 建设目标

5.3.3.1 水环境控制目标

金山湖水质控制目标需满足《地表水环境质量标准》GB 3838—2002中规定的Ⅲ类水标准，即TP需控制在0.05mg/L。基于TMDL（Total Maximum Daily

Loads，最大日负荷总量）理念，则需要控制排入金山湖的TP量为每年4.5t，需控制径流量约300万m^3排入金山湖。

5.3.3.2 年径流总量控制目标

根据《镇江市海绵城市建设试点城市实施方案》和《镇江市海绵城市专项规划》，镇江海绵城市试点区年径流总量控制率为75%，对应设计降雨量为25.5mm。

5.3.3.3 径流污染控制率目标

根据《镇江市海绵城市建设试点城市实施方案》和《镇江市海绵城市专项规划》，镇江海绵城市试点区径流污染控制率目标为60%。

5.3.3.4 排水防涝控制目标

根据《镇江市海绵城市建设试点城市实施方案》和《镇江市海绵城市专项规划》，镇江海绵城市试点区排水防涝目标达到有效应对30年一遇降雨。

5.3.4 方案设计

镇江金山湖合流制溢流污染水环境综合治理工程主要以金山湖水环境改善为目标，针对镇江老城区排水防涝标准偏低、雨天溢流污染严重等问题，在源头LID应做尽做的前提下，因地制宜、创新性地提出金山湖CSO溢流污染水环境综合治理工程，通过“深层截流主干管+末端调蓄及雨水处理”的建设，对现状排水系统进行有效补强，解决老城区合流制溢流污染问题，实现金山湖水质改善、排水防涝标准提升和海绵城市试点达标。

5.3.5 典型设施

5.3.5.1 截流主干管及附属泵站改造

1.截流主干管设计

工程设计沿金山湖敷设截流主干管，管道起点位于江南泵站东北侧、新河口处，线路沿金山湖南岸自西向东，途经迎江路泵站、平政桥泵站、解放路泵站至梦溪路近岸，经梦溪路近岸自南向北穿过金山湖至征润州，终点位于京江路北侧的末端出水井。

截流主干管采用钢筋混凝土管，管道内径4000mm、壁厚320mm、外径为4640mm，管道全线采用顶管施工方式，全长6434m。

管线Y-1至Y-7段：管道起点管内底标高为-14.00m，埋深为21.45m，管道终点管内底标高为-20.23m，埋深为26.73m。

管线Y-7至Y-8段：管道起点管内底标高为-5.50m，埋深为12.00m，管道终点管内底标高为-5.70m，埋深为11.70m（图5-33）。

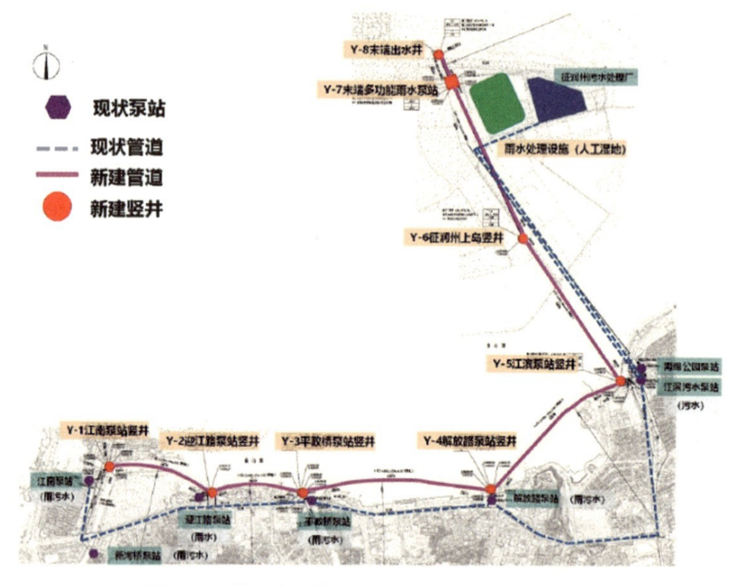

图5-33 截留主干管及附属泵站平面布置示意图

2.竖井设计

沿线设计竖井8座，分别为江南泵站竖井（Y-1）、迎江路泵站竖井（Y-2）、平政桥泵站竖井（Y-3）、解放路泵站竖井（Y-4）、江滨泵站竖井（Y-5）、征润州上岛竖井（Y-6）、末端多功能雨水泵站（Y-7）、末端出水井（Y-8）。

（1）Y-1竖井位于江南泵站东北侧、近运粮河河岸处，服务于运粮河汇水区。竖井直径16m，深度22.45m，设计最大入流量为2.42m^3/s。收集运粮河汇水区3部分排水，分别为江南泵站雨水、新河桥泵站雨水及长江路道路（运粮河西侧段）雨水。

（2）Y-2竖井位于金山湖内，西津湾地下停车库北侧、现状迎江路泵站东侧，服务于古运河汇水区域。竖井直径9.0m，竖井深度23.61m，设计最大入流量为

$2.15m^3/s$。将迎江路自流管涵来水和泵站进水管汇合至新建雨水汇合井再接入本竖井。

（3）Y-3竖井位于长江路与宝塔路交口，近金山湖侧，服务于古运河汇水区。竖井直径16m，竖井深度21.18m，设计最大入流量为$10.32m^3/s$。收集古运河汇水区2部分排水，分别为平政桥泵站雨水、宝塔路二级管道雨水。

（4）Y-4竖井位于长江路与解放路交口，近金山湖侧，服务于解放路汇水区。竖井直径16m，竖井深度23.71m，设计最大入流量为$5.4m^3/s$。将解放路泵站雨水接入本竖井。

（5）Y-5竖井位于滨水路与梦溪路交口，近金山湖湖岸，服务于江滨汇水区。竖井直径16m，竖井深度23.39m，设计最大入流量为$9.71m^3/s$。收集绿竹巷汇水区雨水、江滨汇水区雨水及梦溪路道路雨水。

（6）Y-6竖井位于现状征润州污水处理厂区域，现状氧化塘西南侧陆域部分。竖井直径13m，竖井深度26.78m。

（7）Y-7竖井位于征润州污水处理厂西侧现状改造生态塘西北角用地。竖井平面尺寸为尺寸31.8m×27.5m，竖井深度29.4m。

（8）Y-8竖井位于京江路北侧、现状出水漫滩。竖井直径9m，竖井深度11.7m。

5.3.5.2 末端多功能雨水泵站

末端多功能雨水泵站，具有截流主干管系统的初雨提升处理功能、暴雨排涝功能及晴天雨水放空处理功能。

雨水处理规模10万m^3/d，由2台处理提升处理泵组成，单台处理量$2083m^3/h$，扬程范围20.4～34.7m；

暴雨排涝规模：$30m^3/s$，由8台排涝泵组成，包括2台小泵与6台大泵，其中两台小泵单台流量$2.00m^3/s$，扬程9.20～15.7m；6台大泵单台流量$4.33m^3/s$，扬程9.20～15.7m。

本泵站采用沉井法施工。施工工艺为不排水下沉和水下封底。本泵站矩形沉井，内壁平面尺寸约为24m×24m，刃脚端部至池顶全高约35m，分四次浇筑三次下沉；井筒壁厚为1000～2000mm。

5.3.5.3 雨水处理站与生态湿地

采用三级复合垂直流人工湿，复合垂直流人工湿地$9.6hm^2$（1号湿地$1hm^2$，2

号湿地8.6hm^2）。降雨时净化大口径管道输送初期雨水；晴天时净化污水处理厂达标后尾水。其中：净化污水处理厂尾水规模为8万m^3/d，水力负荷0.83m^3/（m^2·d）；净化雨水与处理站出水规模为5万m^3/d，水力负荷0.52m^3/（m^2·d）（图5-34）。

图5-34　大口径管道

垂直流人工湿地深度1.5m，主要采用砾石+铝污泥填料结构。湿地采用穿孔管布水方式均匀布水，从下游填料进水到上游填料上部经穿孔管收集出水，进水配水管及出水管均采用可调式PVC配水、排水系统。

建设高效水处理设施1座，包括高效污水净化器5套、加药系统1套。高效污水净化器单台处理规模为400～450m^3/h，包括快混区、絮凝区和沉淀区。加药系统包括PAC、PAM加药系统各1套。污泥回流泵5台（Q=98m^3/h，H=11m）、潜水排污泵3台（Q=35m^3/h，H=15m）。

5.3.5.4 景观设计

（1）定位：镇江名片-绿洲大海绵：末端水处理+景观生态公园+科普旅游；

（2）塑造：场地记忆的尊重+创新；功能+设计美学+文化人性化；

（3）经营：运营思维下的开发模式，项目策划和经营模式（图5-35）。

图5-35 景观效果图（1）

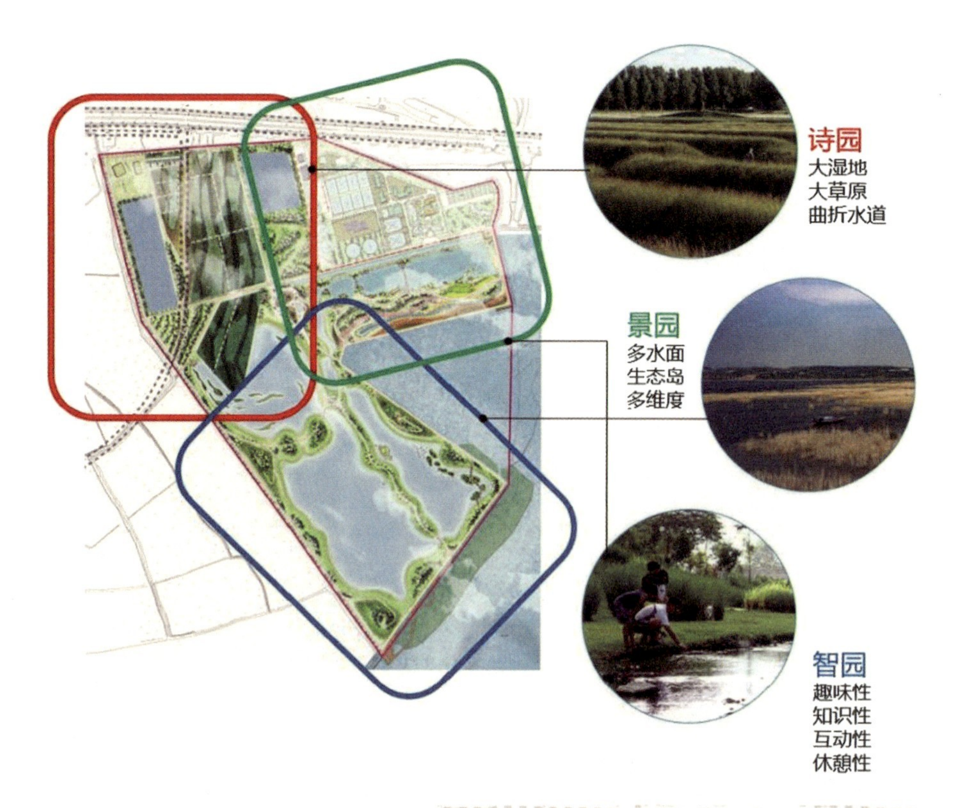
诗园
大湿地
大草原
曲折水道
景园
多水面
生态岛
多维度
智园
趣味性
知识性
互动性
休憩性

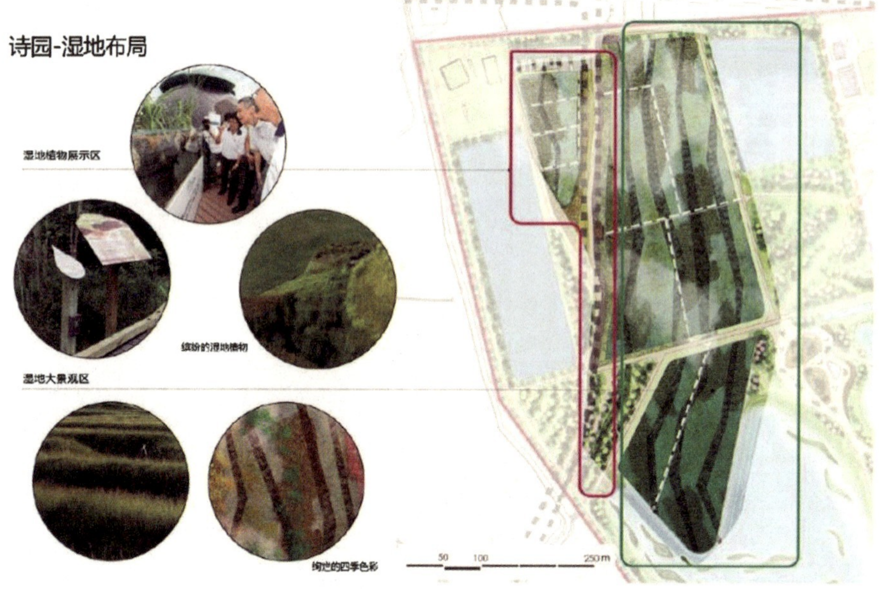
诗园-湿地布局
湿地植物展示区
缤纷的湿地植物
湿地大景观区
绚烂的四季色彩
50
100
250m

图 5-35　景观效果图（2）

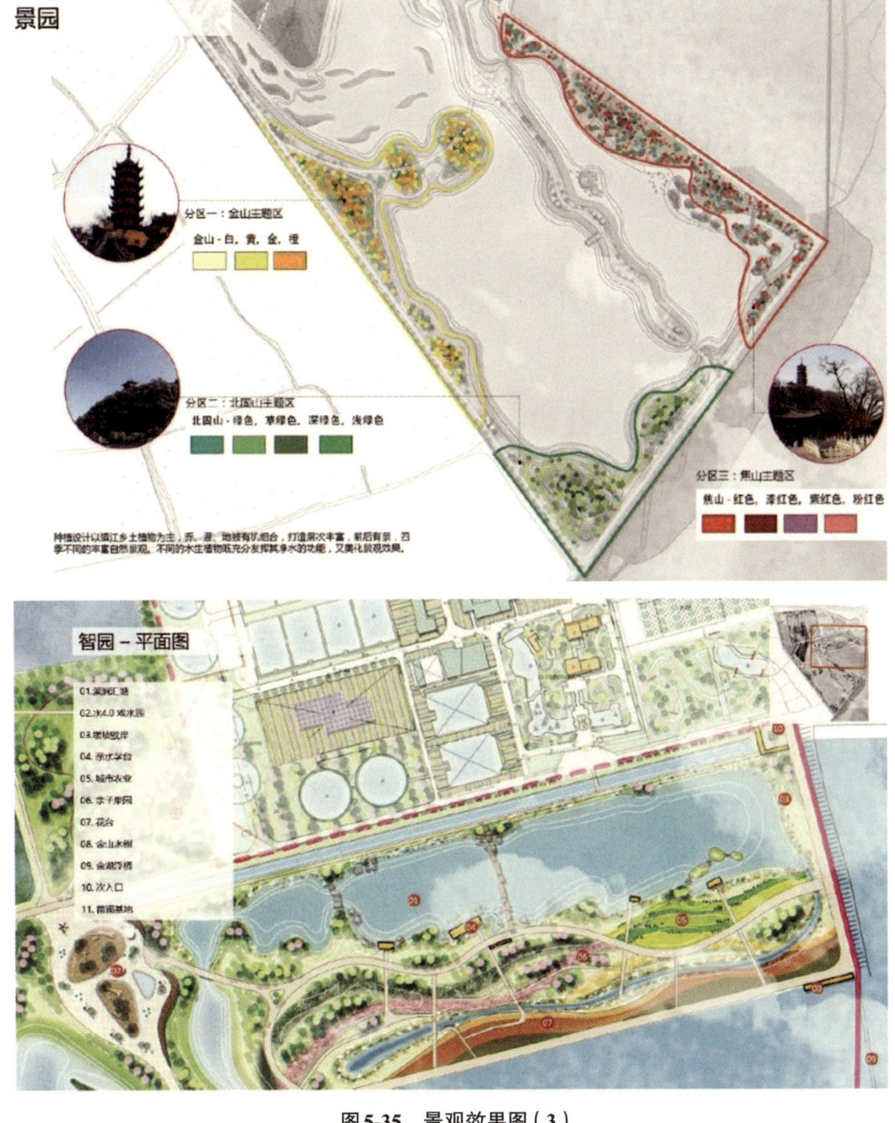

图5-35　景观效果图（3）

5.3.5.5　二级管网建设

1. 新河桥二级管网

新河桥二级管道位于润州区，以新河桥泵站为起点，沿新河西岸布设*DN*2000顶管，用于收集新河桥泵站及江南泵站服务片区及西河桥西侧排口对应服务片区的初期雨水，输送至竖井Y-1，结合末端雨水泵站及处理设施，削减服务范围内的合流制溢流污染。

本工程服务范围约0.31km^2，设计标准按1年一遇（80.6mm计）设计，宝塔路二级管道设计流量约2.42m³/s。

2. 宝塔路二级管网

宝塔路二级管道位于润州区宝塔路，以中华路为起点，竖井Y-3为终点，顶管为*DN*2200钢筋混凝土管，主要作用为：结合末端雨水泵站及处理设施，削减服务范围内的合流制溢流污染。

本工程服务范围约1.38km²，设计标准按1年一遇（80.6mm计）设计，宝塔路二级管道设计流量约7.77m³/s。

3. 绿竹巷二级管网

绿竹巷二级管道位于京口区东吴路，以绿竹巷为起点，梦溪路为终点；管道全长约335m。管沟埋深为现状地面以下约2～4m。

5.4 池州市合流制溢流污染治理工程

5.4.1 项目概况

5.4.1.1 项目地点

项目地点位于池州市老城东片区清溪河西侧。

5.4.1.2 项目规模

总汇水区面积235.09hm²。

5.4.2 现状分析

池州市合流制老城区由于原来的截污干管老化、地下水渗入量大，易产生溢流，污染河道，并存在河水倒灌问题。

5.4.3 建设目标

控制溢流水水质，防止污染河道及倒灌，减轻污水处理负荷，为生态处理设施提供合适水源。

5.4.4 方案设计

主要工艺：平板细格栅+水力颗粒分离器+门式自动冲洗系统+电控调流阀。

调蓄池为完全地埋式，地面为市政停车场及休闲广场。调蓄池前端设置截流井，非降雨期及降雨初期来水送入截污管道，溢流水经过细格栅后由电控调控设施控制，稳定进入调蓄池。调蓄池分为接收池、通过池、综合池等不同功能区间，由隔墙分开，并由不同堰高控制进水，使得各分区区间进水浓度不同，采用不同出水工艺。同时设置紧急溢流通道，保证极端情况下的排水安全。一般情况下，根据降雨量，来水通过配水渠首先进入接收池内，接收池满后，进入通过池，通过池内设置水质处理设备——水力颗粒分离器。当通过池满后，后续来水经过水力颗粒分离器的处理后进入综合池，在综合池内储存。当综合池满后，处理水通过溢流泵排入调蓄池附近水塘。调蓄池满负荷运行后，若发生极端降雨，来水量远大于持续溢流量（水质处理设备的处理能力），则开启紧急溢流通道直接由截流设施向河道排水，保证防洪安全及设施安全。

当降雨结束后，调蓄池开始清空模式。接收池内存水污染负荷最高，全部回送至污水管网。通过池上层水和综合池中上层水通过水泵送至生态处理设施进行后续深度处理后排放，最下层水同样回送至污水管网。清空之后通过配套的门式自动冲洗系统配套门式自动冲洗系统对调蓄池底板进行冲洗。

调蓄池内设置通风设备，防止调蓄池内存积有害气体。调蓄池内设置检修孔及必要的检修通道，便于日常设施维护。设备运行后通过摄像头或人工检查，保证设施正常运行。

以上处理工艺可保证一般情况下该集水区内的合流制溢流水在调蓄池内基本达到景观用水排放标准，无须回送至污水处理厂处理，减少运行成本，便于管网管理。

5.4.4.1 1号调蓄池工艺流程

1号调蓄池均分为3格：1分格池对应为沉淀区，2分格池对应为过流区，3分格池对应为溢流区（图5-36、图5-37）。

1号调蓄池工艺流程：

（1）非降雨期，管道来水不进入调蓄池；

（2）降雨开始，超过截流倍数部分的水量通过截流井进入调蓄池进水渠道；

（3）进水渠道水位达到一定高度后，沉淀区首先开始溢流进水；

（4）沉淀区满后，来水通过进水渠道溢流进入过流区；

（5）当水量继续增大，过流区内水位达到一定高度，处理设备开始工作，持续处理定量的溢流水。处理出水进入调蓄池溢流区内存储或开启水泵直接排出；

（6）如果降雨继续，水量继续增大，溢流区全满，过流区内的处理设备仍可持续工作，其处理水通过水泵直接送至后续生态处理设施或排入水体；

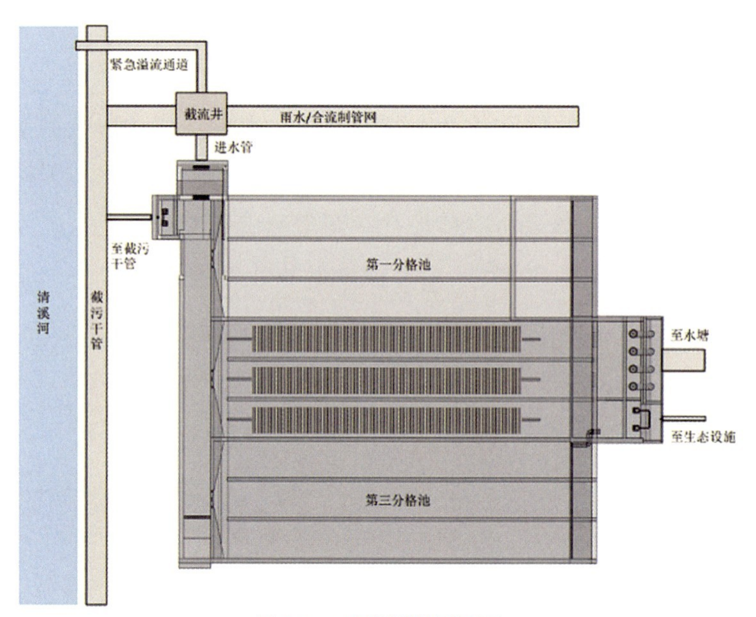

图5-36 1号调蓄池平面图

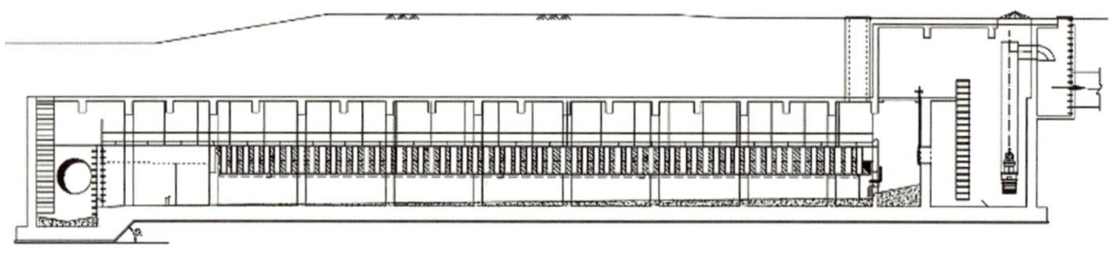

图5-37 1号调蓄池剖面图

（7）当降雨持续，整个水池全满且达到其处理能力负荷后，则在溢流井处发生紧急溢流直排清溪河（图5-36、图5-37）；

（8）由于沉淀区和过流区内存水水质最差，主要是径流时间较短的初期雨水，降雨事件结束后，由水泵送回截污干管至污水处理厂；

（9）过流区内的水经过了处理设施的处理，水质较好，污染负荷较低，由水泵输送至生态处理设施处理后排至清溪河；

（10）降雨结束池体清空后，利用冲洗设备逐区对调蓄池池底进行冲洗；

（11）当调蓄池设施进行检修或无法正常使用时，关闭进水渠道电动闸门，调蓄池不进水，来水通过紧急溢流通道排出。

5.4.4.2 1号调蓄池参数

调蓄池汇水区面积：116hm^2；

调蓄池调蓄容积：8064m^3（共9条廊道，每个区间3条廊道）；

有效水深：3.5m；

处理量：4000L/s；

调蓄池埋深：约4m；

主要优点：处理水量大、效果好，可明显减少紧急溢流频次，降低污染风险，减少回送污水管网水量（图5-38～图5-40）。

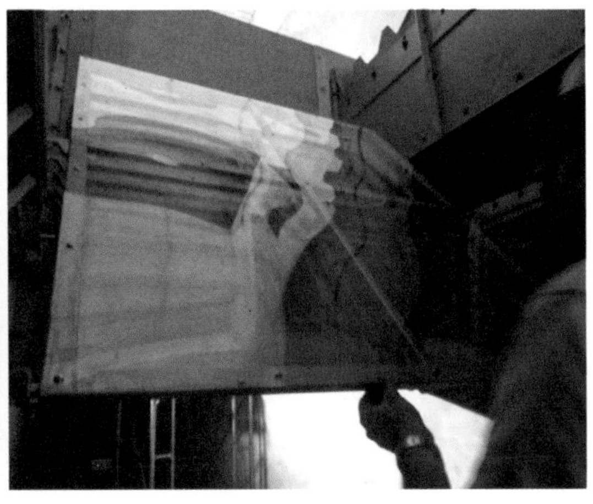

图5-38　池州市合流制溢流1号调蓄池正在安装中的斜板实景图

图5-39　池州市合流制溢流1号调蓄池溢流端实景图

图5-40　池州市合流制溢流1号调蓄池完整雨季后溢槽及斜板实景图

5.4.4.3 相关设备

1.水力颗粒分离器

水力颗粒分离器是一种模块化的固体颗粒分离装置，主要用于处理排水渠道或者调蓄池内的大流量雨水或合流污水，能够有效地保证溢流水的清洁，防止自然水体受到污染（表5-3）。

水力颗粒分离器性能表　　表5-3

设备名称	水力颗粒分离器
性能	去除水中的颗粒物、悬浮物
适用范围	调蓄池、大型箱涵管涵
结构形式	模块化，联动薄板

续表

配套设备	调流阀、导流墙、门式自冲洗装置、集水槽等
材质	专利特殊复合材料
运维频率	较少、可以定期使用高压水枪清洗薄板

水力颗粒分离器的斜板可以自动倾斜，无须外动力即可根据分离单元的水位倾斜至所需的角度。实践证明，利用水力颗粒分离器能有效去除约80%的悬浮物和COD含量。

下雨时，水流通过细格栅进入本系统，在地漏处，大的碎屑如瓶子、木材等会被截留，然后水流进入调流阀控制的进口管，较粗大的颗粒物如沙子、碎石等被截留。之后水流在导板作用下进入分离室，然后均匀分布到整个薄板上。导流板还能防止已经沉积的颗粒在水流速度的作用下又搅动浮起。随着分离室内水位的上升，控制浮球把薄板翘起，直到达到一个预先设定的倾斜角度，这时水会流经薄板，较细小的颗粒被分离出来。如果沉积速度大于水向上的流动速度，颗粒就被截留在薄板之间，沉积到薄板上，在降雨结束池体被清空后，沉积在薄板上的污染物会自动抖落到池体底板上，随着对底板的冲洗一起进入截污槽并送至污水处理厂。去除了大部分污染物的水流持续上升，进入集水槽送走排放。

2.门式自动冲洗系统

门式自冲洗系统可以完全安装在全地下式的雨水调蓄池中，能够浸没在合流污水中，在间隙运行中不会发生任何问题。对沉淀的污染物杂质和泥浆能实现一次性冲洗使污染物得到完全的清除（表5-4）。

门式自冲洗系统性能表　　表5-4

设备名称	门式自冲洗系统
性能	强力席卷流冲洗效果，冲洗长度＞70m，冲洗污泥厚度＞500mm各分割廊道冲洗门顺次冲洗，覆盖调蓄池底全部面积
适用范围	雨污水，地下工程、调蓄池等
结构形式	翻卷式开启的门式装置，电动—液压综合控制系统
锁闭方式	框架下方锁闭，锁钩长度不超过90mm
密封方式	柔性材料密封
液压系统	单向液压缸，直径不超过110mm，长度不超过300mm
轴承使用寿命	50000次以上
电控箱	单格单次冲洗功率小于0.55 kW
防护等级	IP55

调蓄池排空后残留在调蓄池底部的污物杂物，冲洗装置能够自动逐格顺次将其冲洗干净，冲洗水由排空泵排出。其主要工作原理为：首先，将雨水调蓄池分为数个冲洗廊道，并且每个冲洗廊道进水端设置一个单独的存水室构筑物，然后将门式自冲洗系统安装在冲洗廊道与存水室之间的隔墙上。降雨开始，雨水调蓄池开始蓄水。在蓄水过程中，存水室中可以预先蓄满水，然后雨水逐渐将调蓄池蓄满。当降雨结束，水位监测系统监测雨水调蓄池排空之后，在电控—液压系统的带动下，冲洗门可依次开启，拦蓄的雨水形成强劲的席卷流，对调蓄池各个冲洗廊道进行冲洗。调蓄池中沉积的污染物杂质等被冲洗至出水收集渠，然后在潜水排污泵的作用下，将污水排入污水管道，最后进入污水处理厂。

5.5

镇江市小米山路及虹桥港水体治理工程

5.5.1 项目概况

5.5.1.1 项目地点

项目地点位于镇江市小米山路、虹桥港源头规划地块及河道。

5.5.1.2 项目规模

黑臭水体整治长度280m，服务面积为3.4km^2（图5-41），各分项工程规模为：

（1）提升泵站工程：雨水处理泵组规模：0.28m^3/s，污水提升泵组：8000m^3/d；

（2）高效水处理设施及生态湿地工程：3000m^3/d；

（3）钢坝闸及河道整治工程。

5.5.1.3 建设投资

本项目建设投资约8400万元。

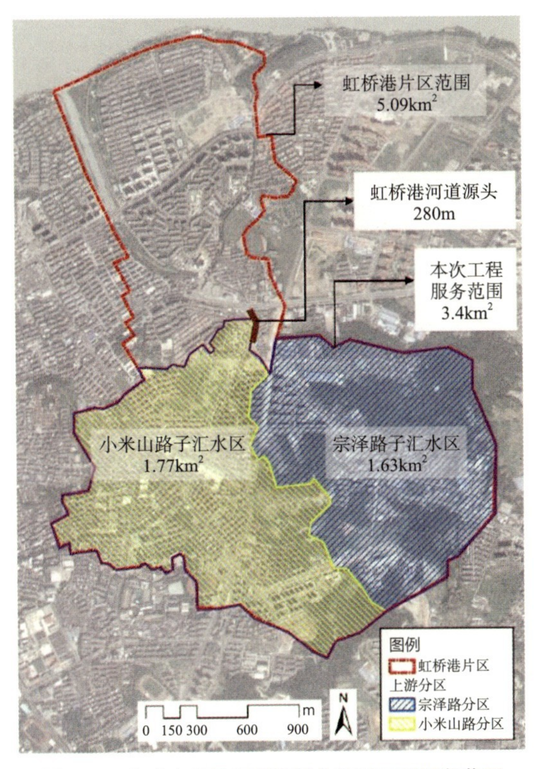

图5-41 小米山路及虹桥港源头治理工程服务范围

5.5.2 现状分析

5.5.2.1 河道水质差

整治前，虹桥港河道上游及中上游水质较差，黑臭严重。整治前虹桥港河各段水质情况如表5-5及图5-42所示。

虹桥港河道整治前情况 表5-5

河道分段	范围	整治前河道水质	整治前工程情况
源头	宗泽路～小米山路	黑臭（劣V类）	无
上游	小米山路～禹山路段	水质较差（V类～劣V类）	无
中上游	禹山路～象山桥段	水质差（V类）	循环泵
中游	象山桥～沧浪桥段	水质较好	曝气生物浮岛和驳岸聚生毯
下游	沧浪桥～金山湖段	水质较好	金山湖入口

图5-42　虹桥港河道整治前现状

5.5.2.2 面源污染严重

汇水范围内，面源污染严重，根据SWMM（雨洪管理模型）模型模拟结果，现状径流污染控制率为15.5%，现状径流总量控制率为46.1%，与海绵城市建设目标差距较大。

5.5.3 建设目标

小米山路及虹桥港源头治理工程建设主要目标为消除河道劣Ⅴ类水质、提升河道整体环境，并充分融合镇江市海绵城市建设相关目标要求，具体整治目标为：

（1）河道水质达到地表水Ⅳ类水水质标准。

（2）径流污染控制率达到60%。

（3）年径流总量控制率达到75%。

（4）防涝能力达到30年一遇。

5.5.4 方案设计

小米山路及虹桥港源头治理工程是为了实现镇江虹桥港片区海绵城市建设目标，并结合虹桥港河道源头黑臭水体治理需求而开展的虹桥港服务范围内系统性综合整治工程，该工程是镇江海绵城市与黑臭水体系统治理典范工程，是江苏省黑臭治理典型案例之一。

在设计理念上，工程设计运用海绵城市建设理念，统筹提出了服务片区内“源头低影响开发—过程管网补强与调蓄—末端综合处理”的系统性治理方案。在设计手段上，工程设计采用SWMM模型模拟计算面源污染削减、管道输送能力、调蓄池容积等，为优化工程设计提供重要技术手段。针对镇江高密度老城区特点，创新性采用点状调蓄池、大口径管道线性调蓄相结合的技术措施，实现雨水的转输与调蓄。采用灰绿蓝综合处理技术措施，解决面源对河道的污染问题，技术措施在国内具有强烈的示范引领作用，为国内探索雨水污染处理提供参考和依据。

本项目建设内容包括小米山路提升泵站工程、高效水处理设施及生态湿地工程、钢坝闸及河道整治工程（图5-43）。

图5-43 小米山路及虹桥港源头治理平面布置图

5.5.5 典型设施

5.5.5.1 提升泵站

建设全地下式雨污水泵站1座，泵站尺寸为φ13m×11.6m（*H*），设有抓斗式粗格栅1套，栅前水深1.0m，过栅流速0.7m/s，栅条间隙为30mm，栅槽宽度为1.9m，安装角度为70°。

泵站内设两组潜污泵，污水提升泵（Q=400m^3/h，H=16m，N=30kW）2台（1用1备），将现状片区污水提升至禹山路检查井后流入污水处理厂；雨水处理泵（Q=500m^3/h，H=26m，N=55kW）2台，将上游片区初雨及河道循环水提升至后续一级强化处理设施进行处理。

5.5.5.2 一级强化处理设施

建设高效水处理设施1座，包括高效污水净化器2套、加药系统1套。高效污水净化器单台处理规模为400～450m^3/h，包括快混区、絮凝区和沉淀区。加药系统包括PAC、PAM加药系统各1套。污泥回流泵2台（Q=77m^3/h，H=11m）、应急提升泵1台。

5.5.5.3 生态湿地

采用两级上行垂直潜流人工湿地，设计规模为3000m^3/d，总面积为4016m^2，分为8座，其中一级湿地3座，二级湿地5座。一级、二级人工湿地表面负荷分别为1.98m^3/（m^2·d）、1.2m^3/（m^2·d），理论水力停留时间1.12d。

一级湿地深度2.45m，为双层式构造设计。上部为陶粒和砾石混合床填料结构，高度为1.2m；下部为纤维束填料结构，高度为1.25m，配置悬浮曝气装置。

二级湿地深度1.4m，整体构造为砾石加陶粒填料结构。

一、二级湿地采用穿孔管布水方式均匀布水，从下游填料进水到上游填料上部经穿孔管收集出水，进水配水管及出水管均采用可调式PVC配水、排水系统。

湿地底部设小型排泥泵、上部设筒装固液分离器进行联合排泥，防止系统堵塞。

5.5.5.4 配水池与鼓风机房

建设湿地配水池1座，尺寸为8.0m×4.0m×2.0m，有效容积为48m^3，水力停留时间0.38h。鼓风室与配水室合建，埋地式，尺寸为4.0m×3.0m×2.0m，配置罗茨风机2台（Q=1m^3/min，P=30kPa，N=1.5kW），1用1备。

5.5.5.5 钢坝闸及河道整治

根据河道30年一遇防洪标准，对虹桥港河道源头进行拓宽、护岸及护脚改造。设计内容如下：①0+000～0+095.52段：长度95.52m，左岸现状保留，向右岸拓宽至15m，矩形断面，拆除现状浆砌石挡墙，新建混凝土重力式挡墙、干砌石护脚，堤顶绿化。②0+095.52～0+162.56段：长度67.04m，左岸现状保留，向右岸拓宽至15m，复式断面，拆除现状浆砌石挡墙，新建生态石笼护坡、干砌石护脚。右岸堤顶设置人行小径，材料为生态透水砖。③0+162.56～0+282.53段：长度119.97m，向右岸拓宽至15m，复式断面。左岸拆除现状浆砌石挡墙，新建混凝土重力式挡墙、干砌石护脚。新建钢坝闸1座，尺寸B×H=15m×1.2m。

5.5.5.6 生态浮岛

设计生态浮岛2块，单块浮岛面积188.5m^2，含浮岛单元1650块，为HDPE（高密度聚乙烯）环保材质，单体尺寸330mm×330mm×60mm。浮岛外围采用PE管包裹，浮岛单元下层布设微孔曝气管。浮岛上植物采用种植篮组装方式置于浮岛中心圆孔中进行稳固。

附录

附表

政策梳理表

序号	政策名称
1	《关于做好城市排水防涝设施建设工作的通知》(国办发〔2013〕23号)
2	《关于加强城市基础设施建设的意见》(国发〔2013〕36号)
3	《城镇排水与污水处理条例》(国务院令第641号)
4	《关于开展中央财政支持海绵城市建设试点工作的通知》(财建〔2014〕838号)
5	《关于组织申报2015年海绵城市建设试点城市的通知》(财办建〔2015〕4号)
6	《关于印发水污染防治行动计划的通知》(国发〔2015〕17号)
7	《2015年海绵城市建设试点城市名单公示》
8	《关于印发海绵城市建设绩效评价与考核办法(试行)的通知》(建办城函〔2015〕635号)
9	《水利部关于推进海绵城市建设水利工作的指导意见的通知》(水规计〔2015〕321号)
10	《关于成立海绵城市建设技术指导专家委员会的通知》(建科〔2015〕133号)
11	《关于推进海绵城市建设的指导意见》(国办发〔2015〕75号)
12	《关于定期上报中央财政支持海绵城市建设试点工作进展情况的通知》(财建办〔2015〕86号)
13	《关于推进开发性金融支持海绵城市建设的通知》(建城〔2015〕208号)
14	《关于推进政策性金融支持海绵城市建设的通知》(建城〔2015〕240号)
15	《关于印发城市综合管廊和海绵城市建设国家建筑标准设计体系的通知》(建质函〔2016〕18号)
16	《关于开展2016年中央财政支持海绵城市建设试点工作的通知》(财办建〔2016〕25号)
17	《关于印发海绵城市专项规划编制暂行规定的通知》(建规〔2016〕50号)
18	《关于印发城市管网专项资金绩效评价暂行办法的通知》(财建〔2016〕52号)
19	《2016年中央财政支持海绵城市建设试点城市名单公示》
20	《关于提高城市排水防涝能力推进城市地下综合管廊建设的通知》(建城〔2016〕174号)
21	《关于征求国家标准〈海绵城市建设评价标准(征求意见稿)〉意见的函》(建办标函〔2018〕346号)
22	《关于印发海绵城市建设工程投资估算指标的通知》(建标〔2018〕86号)
23	《关于印发城市黑臭水体治理攻坚战实施方案的通知》(建城〔2018〕104号)

续表

序号	政策名称
24	《关于发布国家标准〈海绵城市建设评价标准〉的公告》(中华人民共和国住房和城乡建设部公告2018年第343号)
25	《关于开展2020年度海绵城市建设评估工作的通知》(建办城函〔2020〕179号)
26	《关于国家标准〈海绵城市建设工程施工验收与运行维护标准(征求意见稿)〉公开征求意见的通知》
27	《关于国家标准〈海绵城市建设监测标准(征求意见稿)〉公开征求意见的通知》
28	《关于国家标准〈海绵城市建设专项规划与设计标准(征求意见稿)〉公开征求意见的通知》
29	《关于加强城市地下市政基础设施建设的指导意见》(建城〔2020〕111号)
30	《关于加强城市内涝治理的实施意见》(国办发〔2021〕11号)
31	《关于开展系统化全域推进海绵城市建设示范工作的通知》(财办建〔2021〕35号)
32	《关于公布2021年系统化全域推进海绵城市建设示范省级工作评审结果的通知》
33	《关于加强城市节水工作的指导意见》(建办城〔2021〕51号)
34	《关于印发〈中央财政海绵城市建设示范补助资金绩效评价办法〉的通知》(财办建〔2021〕53号)
35	《中央财政海绵城市建设示范补助资金2021年绩效评价结果》
36	《关于开展"十四五"第二批系统化全域推进海绵城市建设示范工作的通知》(财建办〔2022〕28号)
37	《关于进一步明确海绵城市建设工作有关要求的通知》(建办城〔2022〕17号)
38	《2022年系统化全域推进海绵城市建设示范评审结果公示》

参考文献

[1] 吴丹洁，詹圣泽，李友华，等. 中国特色海绵城市的新兴趋势与实践研究[J]. 中国软科学，2016（1）：79-97.

[2] 住房和城乡建设部. 从“小”变化看“大”理念——海绵城市建设试点成效初显[EB/OL]，http：//www.gov.cn/xinwen/2016-09/08/content_5106478.htm. 2016.09.08/2022.12.22.

[3] 王凯博. 海绵城市建设现状及问题的研究与讨论[J]. 价值工程，2022，41（17）：11-13.

[4] 孙静，张亮，吴丹. 系统化全域推进海绵城市建设实施路径探讨——以深圳市深汕特别合作区为例[J]. 净水技术，2022，41（S2）：153-160.

[5] 任南琪，张建云，王秀蘅. 全域推进海绵城市建设，消除城市内涝，打造宜居环境[J]. 环境科学学报，2020，40（10）：3481-3483.

[6] 戴正宗. 海绵城市建设步入全域推进新阶段[N]. 中国财经报，2022-04-28.

[7] 财政部办公厅，住房城乡建设部办公厅，水利部办公厅.关于开展系统化全域推进海绵城市建设示范工作的通知[EB/OL]，http：//www.gov.cn/zhengce/zhengceku/2021-04/26/content_5602408.htm. 2021.04.25/2022.12.23.

[8] 米瑞鹏. 不同城市需求下海绵城市规划建设研究[D]. 西南科技大学，2020.

[9] 徐晓景. 安徽池州打造“海绵城市”3年投211亿建117个项目[EB/OL]，https：//www.h2o-china.com/news/228108.html. 2015.07.23/2022.12.22.

[10] 海绵城市网. 如何建一座“表里如一”的海绵城市？池州海绵城市告诉你真相[EB/OL]，https：//huanbao.bjx.com.cn/news/20180813/920549.shtml. 2018.08.13/2022.12.23.

[11] 凤凰网辽宁综合. 庄河创建“海绵城市”多项冬季技术为全国首创[EB/OL]，https：//www.h2o-china.com/news/281909.html. 2018.10.17/2022.12.23.

[12] 王宁，吴连丰. 厦门海绵城市建设方案编制实践与思考[J]. 给水排水，2015，51（6）：28-32.
[13] 靳亚男，曾庆仪. 海绵城市理念在南宁邕江综合整治工程中运用[J]. 江西水利科技，2022，48（1）：73-78.
[14] 苏醒，王琳，李多. 山地公园海绵城市建设实践——以悦来新城会展公园为例[J]. 园林，2017（4）：46-49.
[15] 蒋春博，李家科，高佳玉，等. 海绵城市建设雨水基础设施优化配置研究进展[J]. 水力发电学报，2021，40（3）：19-29.
[16] 李家科，张兆鑫，蒋春博，等. 海绵城市生物滞留设施关键技术研究进展[J]. 水资源保护，2020，36（1）：1-8.
[17] 欧建西. 海绵城市角下的绿色雨水基础设施规划设计方法研究[D]. 北京建筑大学，2020.
[18] DB4403/T 24-2019，海绵城市设计图集[S].
[19] JGJ 155-2013，种植屋面工程技术规程[S].
[20] 李涛. 绿色屋顶生态化研究[D]. 广西大学，2019.
[21] 钟涛，吴慧芳. 绿色屋顶的特点及其在海绵城市中的应用[J]. 市政技术，2019，37（2）：163-164.
[22] 住房和城乡建设部. 海绵城市建设技术指南——低影响开发雨水系统构建（试行）[Z]. 2014-10.
[23] 袁瑜蔓. 城市雨水生物滞留池优化设计研究[D]. 西南交通大学，2018.
[24] T/CUWA 40052-2022，雨水生物滞留设施技术规程[S].
[25] 湛江市住房和城乡建设局，深圳市城市规划设计研究院有限公司. 湛江市建筑工程低影响开发设施技术指南（试行）[Z]. 2018.12.
[26] 刘雅慧. 城市高位花坛径流削减与污染净化技术研究[D]. 沈阳大学，2018.
[27] 李澄，何文江，戴青松，等. 一种生态高位花坛[P]. 中国专利：CN214628349U，2021.11.09.
[28] 唐金忠，温明. 海绵城市中湿塘湿地与河道协同设计探讨：中国水利学会2016学术年会[C]，中国四川成都，2016.
[29] 朱一文，王文亮. 基于水文方法的暴雨调节塘规模计算[J]. 中国给水排水，2020，36（7）：114-117.
[30] 津16SZ01，天津市海绵城市设施标准设计图集[S].
[31] CJJ/T 311-2020，模块化雨水储水设施技术标准[S].

[32] CJ/T 542-2020，模块化雨水储水设施[S].

[33] 赵锂，李建业，赵昕，等. 行业标准《模块化雨水储水设施》《模块化雨水储水设施技术标准》要点介绍[J]. 建设科技，2018（14）：12-17.

[34] 逸通新闻中心. 雨水收集系统中PP模块以何优点打破传统的雨水收集方式？[EB/OL]，https：//www.shstyy.com/yssjct.html. 2018.07.12/2022.12.23.

[35] 湖南富仕环保科技有限公司. PP雨水收集模块蓄水池特点及其优势[EB/OL]，http：//www.csfshb.com/news/news4524.html. 2021.07.04/2022.12.23.

[36] 宝振（厦门）科技有限公司. 雨水收集PP模块介绍、材质、功能、优缺点产品详情[EB/OL]，http：//www.yssjxt.com/newsDetail/1661/. 2020.08.15/2022.12.23.

[37] GB 50014-2021，室外排水设计标准[S].

[38] 安徽省格致绿色建筑科技有限公司. 雨水调蓄池概念、分类、作用、应用案例[EB/OL]，http：//www.gazegreen.com/display_938.html. 2020.07.06/2022.12.23.

[39] 汇联环保. 雨水调蓄池的作用和优势[EB/OL]，https：//www.hlhbzj.com/id6711966.html. 2018.08.02/2022.12.23.

[40] 段俊岭. 浅析城市排水泵站在防汛中的作用[J]. 科技创新与应用，2016（17）：172-173.

[41] 夏霖. 城市深隧排水系统防涝控污效果模拟[D]. 中国水利水电科学研究院，2019.

[42] 郭霞. 基于深隧系统的北京市合流制溢流污染控制研究[D]. 北京建筑大学，2018.

[43] 车生泉，谢长坤，陈丹，等. 海绵城市理论与技术发展沿革及构建途径[J]. 中国园林，2015，31（6）：11-15.